10월 혁명

우리는 광야에서 만났다

10월 혁명

우리는 광야에서 만났다

열아홉

10월은 혁명이다

이승만 광장의 뜨거운 함성은 추운 겨울의 한복판으로 들어선 지금도 진행 중이다. 나의 기록은 좁은 시각과 편중된 자료의 함정에 빠질 위험이 있다. 내가 이 운동의 주역도 아니다. 그러나 백여 일 넘게 투쟁 현장에 있었던 사람으로서 그냥 흘려버리기에는 너무나 아까운 일들이 한둘이 아니다.

어떻게 정치인이나 시민단체도 아닌 특정 종교가 대한민국 우파의 부활을 이끌 수 있단 말인가?

어떻게 유명세도, 직함도 없는 진짜 민초가 저렇게 정치적 목적을 위해 목숨 걸고 투쟁할 수 있을까?

대한민국 언론이 온통 좌편향 된 세상에서 어떻게 그 많은 사람이 한날, 한시에 문재인 정부를 규탄하며 끝없이 밀려 나올 수 있을까?

나의 오늘 기록이 앞으로 있을 제대로 된 답변의 길잡이가 될 것으로 기대한다. 이 투쟁이 성공하여 진짜 혁명으로 불릴지, 아니면 실패로 끝나서 그냥 항쟁으로 끝날지는 아무도 모른다. 나는 이 운동이 반드시 성공할 것이라 믿는다. 그래서 이를 10월 혁명으로 부르겠다.

가장 깊은 골짜기에서

서울에 수십만의 회중이 있는 많은 초대교회가
한국전쟁 전에 북한에서 공산주의의 박해를 피해
도피한 복음주의 기독교인들에 의해 세워졌다.

10월 혁명의 원천, 이승만

　　전광훈 목사는 오래전부터 애국 운동을 시작했다. 박근혜 대통령 탄핵 이후부터는 매주 토요일마다 광화문 교보문고 앞에서 판을 벌였다. 그때까지만 해도 수많은 우파 운동가들 가운데 하나였던 전 목사는 한기총 제25대 대표회장으로 당선되고 약 4개월 후인 2019년 6월 5일, 문재인 대통령 하야 시국선언을 한다.

존경하는 5천만 국민 여러분!
우리 한국교회는 135년 전에 이 땅에 들어와 민족의 개화, 독립운동, 건국, 6.25, 새마을운동, 민주화의 중심에 서 있었고, 오늘날 세계 10위권의 대국이 되기까지 모든 희생에 앞장서 왔습니다.

그러나 이처럼 자랑스러운 자유민주주의 국가인 대한민국이 문재인 정권으로 인하여 종북화, 공산화되어 지구촌에서 사라질지도 모르는 위기를 맞이했습니다.

문재인 정권은 그들이 추구하는 주체사상을 종교적 신념의 경지로 만들어 청와대를 점령하고 검찰, 경찰, 기무사, 국정원, 군대, 법원, 언론, 심지어 우파 시민단체까지 완전히 점령하여 그들의 목적지를 향해 달려가고 있습니다.

국민들의 이성적 생각을 마비시켜 변온동물인 개구리 익사 전법으로 대한민국을 그들의 프레임에 가두어 고사시키려 하고 있습니다.

문재인은 평창 동계올림픽에서 그동안 숨겨놓았던 자신의 사상을 드러내며 "제가 존경하는 한국의 사상가 신영복 선생님"이라고 전 세계를 향하여 내질렀는데, 신영복은 통혁당(통일혁명당) 사건의 간첩으로서 동료들은 모두 사형 집행되었으나, 자신은 1심에서 사형 선고를 받고 2심에서 무기징역으로 감형된 뒤 20년이 지난 장기수로 복역하다 가짜 전향서를 쓰고 석방된

대표적 주사파 간첩입니다.

문재인은 그가 설정해놓은 목적을 이루기 위하여 세계 제1의 기술이자 100년 동안 2천 조의 수익이 예상되는 원자력 발전소를 폐기하는가 하면, 세계 경제학 이론에도 없는 소득 주도 경제성장이라는 정책으로 대한민국이 다시 70년대 경제 수준으로 내려가도록 하는 위기를 만들었습니다.

그리고 대한민국을 10위권으로 만든 주도 세력이 대기업임에도 불구하고, 국민의 동의도 없이 국민연금 주주권 불법 행사를 통하여 대한항공을 해체하고, 삼성과 그 외 기업들을 사회주의적 기업으로 만드는 데 혈안이 되어 있습니다. 또한 급격한 최저임금 상승, 4대강 보 해체 및 민노총(전국민주노동조합총연맹, 민주노총)과 전교조(전국교직원노동조합), 언론을 부추겨 사회주의 혁명을 이루려고 하는 시도를 하고 있습니다.

이에 6만 5천 교회 및 30만 목회자, 25만 장로, 50만 선교 가족을 대표하는 한기총은, 그동안 한국교회가 이루어놓은 자랑스러운 대한민국을 지키기 위하여 문재인 대통령이 올해 연말까지 하야할 것과, 정치권은 무너진 대한민국을 바로 세우기 위하여 4년 중임제 개헌을 비롯하여 국가 정체성을 바로 세우고자 내년 4월 15일 총선에서 대통령 선거와 개헌헌법선거를 실시할 것을 요구하는 바입니다.

그리하여 자유통일이 실현될 경우 전 세계 학자들이 예견하는 대로 2050년도에 가면 대한민국이 세계 제2위의 국가가 된다고 하는 내용을 현실화 시켜주기를 바랍니다.

존경하는 5천만 국민여러분!

문재인 대통령의 하야와 대한민국 바로세우기를 위하여 우리 한기총이 지향하는 국민운동에 함께 해 주시기를 간곡히 부탁드립니다.

- 2019.06.05. 한국기독교총연합회 대표회장

전광훈 목사 드림

전광훈 목사는 2019년 6월 6일부터는 '주사파 정권 문재인 퇴진'을 정면에 내걸고 청와대 앞에서 무기한 천막농성을 시작했다. 모두가 반신반의했다. 하지만 전 목사는 보란 듯이 빠르게 대한민국 우파운동의 중심으로 진입했다. 보수 부활을 견인하는 지도자로 우뚝 섰다.

나라가 크게 위험해졌습니다. 이구동성으로 여러 곳에서 이대로 가다가는 교회와 국가가 해체되지 않겠나 하는 염려들을 많이 하고 있습니다. 저는 원래 어릴 때 목회자로 부름을 받아서 목회 잘하고, 부흥회 잘하고, 선교 잘하면 하나님과 사람 앞에 제 할 일을 다 하는 줄 알고 그야말로 열심히 살았습니다. 저는 성북구 장위동에서 우리 집사람하고 35년째 개척교회 목회를 하면서 주일날 출석 교인 5천 명의 교회를 하나님의 은혜로 섬기고 있습니다. 30대 중반에 이미 한국 교회를 대표하는 부흥회들을 많이 이끌었고 그것이 기록으로 남은 것도 많이 있습니다. 목회자 집회도 많이 했습니다. 6만 8천 명 이상의 목회자들을 제가 가르쳐 왔습니다.

　어렸을 때 저는 이승만 대통령께서 국가를 처음 설립한 1948년 8월 15일, 네 개의 기둥으로 대한민국을 세우신 것을 공부했습니다. 국가의 최고의 권위를 헌법이라고 말하고 있지만 저는 헌법 위에 새로운 권위가 하나 더 있다고 생각합니다. 그것은 어느 국가가 되었든지 그 국가를 세운 국가 설립 이념과 정신입니다. 우리나라의 국가 설립 이념을 보면 네 가지죠. 첫째는 자유 민주주의입니다. 두 번째는 자유 시장경제, 세 번째는 한미동맹, 그리고 네 번째는 제가 몸담은 기독교 입국론입니다. 이 네 가지가 이승만 박사가 대한민국을 세울 때 가지고 있던 기조였습니다.

전광훈 목사 저 <이승만의 분노>에서 발췌

이승만의 핵심 가치관은 자유민주주의와 기독교 정신입니다. 이승만은 제2차 세계대전 후 있게 된 미국과 소련 간의 냉전체제에 대해 이미 오래전부터 예견하고 있었습니다. 해방 이후 대한민국을 건국할 때까지 한반도는 좌우의 대립으로 견해 차이를 좁히지 못하고 결국 소련의 군정 하에 북한을 제외한 대한민국을 수립하게 됩니다. 공산주의에 대한 분노는 이승만의 통일 정부 수립을 위한 노력과 단독정부 수립과정에서 잘 나타나고 있습니다.

이승만은 민족의 대동단결, 자주적인 정부 수립, 남한의 공산화 방지를 시종일관 주장하며 매진하였습니다. 그러나 그 과정에서 미국 정부와 남한 내 정치 세력들은 입장을 바꾸어 가며 협조하기도 하고 대립하기도 하였습니다. 이승만이 우호적으로 생각한 미국마저도 그의 이러한 정책과 달랐을 때는 어김없이 규탄하였고, 그로 인해 미국과 큰 갈등을 일으키기도 하였습니다. 특히 북한에서 시작한 한국전쟁을 한반도의 통일을 위한 절호의 기회라고 판단했지만, 미국을 비롯한 강대국들의 개입과 휴전의 과정에서 통일이 불가능하였습니다. 미국에 대한 분노는 이승만의 분명하고 흔들림 없는 정치 노선을 잘 보여주고 있습니다.

해방과 한국전쟁, 이 시기는 대한민국을 폐허로 만들었고 국민을 배고픔에 시달리게 한 시기였습니다. 이승만의 가난에 대한 분노는 대한민국의 경제자립과 교육을 위한 이승만의 청사진에서 쉽게 볼 수 있습니다. 선진국의 원조를 소비재에서 산업재로 요구하는 것에서부터 국가경쟁력을 높이기 위한 국민교육에 매달리는 이승만의 가난에 대한 분노는 오늘날 대한민국을 성장시키는 기초가 되었다 해도 과언이 아닙니다. 국가기관 사업뿐만 아니라 원자력발전의 연구는 폐허의 한반도를 일으켜 세우는 근간이었습니다.

이승만의 공과는 분명히 존재합니다. 장점이나 성과만을 부각하거나 단점이나 과오만을 부각하셔도 안 될 것입니다. 그는 독선적이고 고집이 센 지도자였기 때문에 미국과 소련, 일본과 북한 등 한반도를 둘러싼 얽히고설킨 이해관계 속에서 흔들리지 않고 헤쳐 나갈 수 있었던 것입니다.

또 그의 그러한 성격이 마지막에 실책을 범하게 된 이유이기도 합니다. 그러나 중요한 것은 이승만은 여러 가지 과오를 넘어 한국의 장기적인 경제발전과 정치발전, 문화발전, 교육 발전의 기초가 되는 비전을 제시한 건국 대통령이었음을 잊어서는 안 될 것입니다.

교도소에서 만난 사도의 삶

몇 차례의 죽을 고비를 넘기고 반문 투쟁의 선봉이 되기까지, 전광훈 목사는 뜻밖에도 교도소 안에서 중대한 일생의 전환기를 맞았다고 고백한다.

나도 작년에 좌파 애들이 고발해서 두 달 동안 감방에 있어 보니까, 나는 편하더라고요. 나는요, 감옥에 있으니까 좋아요. 왜, 매일 뭐 할 것 없이 기도만 하니까. 원래 내 전공과목이 기도니까. 매일 기도만 하니 좋은데, 또 감방 다녀와서 병원에 가서 피를 뽑아서 조사해 보니까요, 세상에. 나한테 있었던 당뇨병이 다 나았어요. 혈압, 뭐 고혈압 다 싹 났더라고. 의사가 날 보고 무슨 약을 먹었냐고 물어요. 그래서 내가 '감방 약 먹었습니다' 했어요. 앞으로 여러분 고혈압, 당뇨병 있는 사람들은 감방 가십시오. 밥을 제시간에 정확히 반찬 네 개를 주니까, 그냥 다 낫더라고요. 지금 또 애국 운동 한다고 내 맘대로 처먹고 돌아다니니까 다 망가졌어요. 그래서 내가 감방을 한 번 더 가야 하지 않겠나, 내 건강을 위해서.. 이렇게 생각을 하다가도 우리 집 사람, 내 딸이 매일같이 면회를 오는 거예요. 가족들이 보통 힘든 게 아니고 우리 주일학교 학생들도 편지를 하나씩 써서 책을 만들어서 보냈어. 그거 읽다가 감방에서 시간이 다 갔어요. 그래서 감방 간 사람은 괜찮은데 밖에 있는 사람이 너무 힘들다는 걸 내가 알았어요.

이러는 중에 인제 도저히 내가 살아서 나온다는 보장이 없는 거야. 다른 것은 아무 미련이 없어요. 우리 애들도 다 컸고 이제는 뭐 시집, 장가만 가면 될 것이고 우리 마누라 예쁘겠다, 피아노 반주도 잘하겠다, 원로 목사님 만나서 새로 시집가면 어떨까.

✝

근데 사람이 약이 오르는 거예요. 다시는 내가 인간으로 살 기회가 없는 거예요. 나는 왜 사람으로 살면서 사도들의 경지의 삶을 못 살았을까, 여기에 부딪히는 거예요. 나는 다시는 사도 같은 고난의 경지를 살아보지 못한다 생각하니 너무 억울하고 화가 났어요. 해서 내가 두 손을 들고 하나님께 숙원 기도를 했어요. 한 번만 내가 더 살 기회를 주시면 사도 급의 삶을 내가 한 번 살아보고 하늘나라 가겠습니다. 그리고 잠이 들었는데, 내 목에 뱀이 나를 감고 있었어요. 그러다가 확 풀리면서 소리를 내면서 튀어서 저 하늘로 날아가는 거예요. 깨어 보니 꿈이에요. 이틀 지난 뒤에 고등법원 재판이 이루어졌는데, 그 판사가 딱 보더니 1심의 판결문을 읽어 내는데 이것도 저것도 무혐의, 망치를 두드리더니 나보고 집행유예로 나가라고 해서 석방이 되어 버렸어요. 좌파들이 다시 나를 고발해서 대법원까지 갔는데 오늘 대법원에서 최종 판결로 나를 재구속 안 하는 거로 나왔어. 완전히 끝났어요. 내가 오늘 구속되었으면 10월 3일 대회를 못 하잖아요. 좌파 애들은 약이 올라 죽으려고 해요. 오늘 나를 재구속 할 것을 확신한 거야. 근데 하나님이 나를 보호해 주셨어요.

†

사도 바울은 많은 이들의 권유를 뿌리치고 예루살렘으로 올라갔어요. 결국은 체포되어 잡혀서 법정에 서게 되었죠. 그리고 사도 바울을 죽이기 전에는 우리가 먹지도 않고 자지도 않겠다는 수십 명의 테러범이 사도 바울을 죽이겠다고 있는데, 사도 바울은 겁먹지 않습니다. 사도 바울의 바로 그 점, 누가 핍박을 하거나 죽인다거나 위협을 해도 절대로 두려워하지 않는다, 가만 생각해보니 저도 거기까지 온 것 같아요. 여러분도 거기까지 가기를 바랍니다.

며칠 전에는 북한에서 '남조선에 전광훈이라는 아새끼 입 좀 닥치게 할 수 없소' 그랬대요. 내가 부흥회 다니면서 그 전부터도 계속 북한을 까고 다녔으니까. 북한에서 전광훈 목사를 알기 시작했으니까 주변에서 꼭 차를 두 대를 사서 하나는 경호원을 데리고 다니래. 북한 애들이 독침을 찌른 다고요. 얼마나 좋아요. 고통 없이 순식간에 찌르면 하늘나라 가니 얼마나 좋으냐 말이야. 나도 두렵지 않으니 사도 바울의 경지까지 간 것 같아요. 사도 바울은 내가 빨리 이 세상을 떠나 주와 함께 있는 것이 소원이라고 했습니다.

✝

그래서 바울이 붙잡혀서 재판을 받는데, 성경을 보면 참 신기합니다. 만약에 그때 붙잡혀서 감옥에 안 있었으면 붙 잡혀서 순교했을 겁니다. 제일 안전한 곳이 감방이에요. 제 일 피난처란 말이에요. 사도 바울이 예루살렘에 가서 체 포되었는데 나중에 하나님의 섭리를 보니까 하나님의 목 적은 사도 바울을 로마의 황제 앞에 세우는 거예요. 바울 이 체포되어서 안 잡혔으면 돈을 들여 배표를 끊고 갈 텐 데 그게 아니라 체포되어서 재판받으러 가니 차비 공짜죠, 먹고 자는 것 공짜죠. 가장 안전하게, 다른 놈들이 해할 수 없게 호위해서 가니까. 그래서 여러분, 어떤 일이 오더라도 감사하기를 바랍니다. 하나님의 섭리는 깊은 것이에요.

✝

사도 바울이 감방을 여러 번 갔는데, 에베소서, 빌립보서, 골로새서, 빌레몬서 이거는 바울이 감방을 갔기 때문에 세상에 나온 거거든. 바울이 안 갔으면 그 은혜로운 말씀이 안 나왔다 이 말이야. 그러니까 바울이 감옥에 있음으로 2천 년의 인류 역사를 주도하는 바울 서신이 생겨난 겁니다. 근데 사도 바울이 그때는 그걸 깨달았을까, 못 깨달았죠. 그때는 감옥에 왜 들어갔는지 몰랐겠지. 하나님이 성경을 쓰게 하려고 감옥에 넣었을 수도 있다 이거야. 그러니까 여러분과 저도 당장 이해되지 않는 일이 있어도 감사하기 바랍니다. 다 하나님이 하시고자 하는 뜻이 있다 이 말입니다. 하나님의 섭리가 있다는 걸 믿으시면 아멘. 그런 연장선에서 말씀을 드리면 오늘 여러분이 이 자리에 앉아 있는, 무슨 여기가 집도 아니고 밑에 온돌이 도는 것도 아니지만 이 자리에 앉아 있는 것까지도 무조건 감사하기를 바랍니다. 감사합시다.

성북구 장위동의 사랑제일교회

10월 혁명의 발원지를 찾으려 전 목사가 시무하는 사랑제일교회를 찾았다. 장위동 재개발구역 언덕에 자리 잡은 그곳은 이제 인적 없이 허물어진 빈집들만 동네를 지킨다. 교회의 의자들은 낡았고 천정에는 비가 새서 곰팡이가 슬었다.

그는 결혼 초 장모님이 사준 집을 팔아 가난한 사람에게 나누어주고 교회 방 한 칸에서 살림을 시작했다. 성도들이 집을 사주면 바로 팔아서 가난한 이들에게 나누어주었다. 차도 마찬가지다. 여러 차례 받기를 고사하다가 또 팔려고 하니까 차가 공증되어 팔 수 없기에 지금껏 갖고 있다. 18평 아파트도 지금까지 그대로다. 목사 못지않게 사모님도 기가 세서 둘은 신혼 때 자주 싸웠다. 어느 날엔 밤새 싸웠다. 새벽에 아들이 쓰러졌는데, 병원에 데리고 갔더니 이미 죽어버렸다. 아들이 더는 세상에 없게 되었다. 그때부터 부부는 오직 주님께만 헌신하기로 결단했다.

꿩 잡는 매, 전광훈

전 목사에 대한 좌파의 공격이 본격화되었다. 10월 3일 폭력 사주 혐의, 광야교회 소음 핑계, 불법 도로점거 등의 죄를 뒤집어씌우려 했다. 제일 큰 것이 말꼬투리 잡아 매도하기였다. KBS는 편파적 보도에 앞장서서 집회 내 헌금모금을 과도하게 부각하거나 말꼬리를 물고 늘어지는 침소봉대 편집으로 그를 오도했다. 나는 다르게 생각했다.

차명진 페이스북 2019. 12. 13.

꿩 잡는 게 매다. 장위동 뒷산에 전광훈이라는 매가 한 마리 살고 있다. 골짜기를 누비는 이 새는 기름샘이 말라붙어 깃털이 매끄럽지 못하고 날개도 짝짝이라서 높이도, 멀리도 날아오르지 못한다. 덩치만 컸지 딱 참새 날 듯 가지와 가지 사이를 간신히 건너다닌다. 근데 이 매가 꿩 잡는 데는 선수다.

그 산은 제대로 된 관목도 없는 돌산이다. 그곳 꿩들은 높이 날지 않고 낮게 총총 뛰어다닌다. 하늘 높은 곳에서 땅의 점을 향해 수직으로 내리꽂는 정통의 사냥 방법으로는 꿩을 잡기는커녕 돌 바위에 부딪혀 머리가 박살나기 십상이다.

전광훈 매의 사냥 방법은 돌산에 최적화되어 있다. 그는 높이 나는 대신 낮게 총총 뛰어서 꿩의 꽁지를 쉽게 낚아챈다. 전광훈 목사의 됨됨이는 인간의 눈으로 봤을 때 형편없다. 스펙도 없고, 성격도 온유하지 않다. 여성 폄하 경향도 있고 언어도 거칠어 욕이 다반사다. 성경 해석도 지나치게 정치적이다.

하지만 하나님의 법칙은 인간의 법칙과 다르다. 하나님의 눈에 전 목사는 '이런저런 약점에도 불구하고 장점이 많은 사람'이 아니다. '방법은 거칠지만, 목표만은 똑바른 투사'도 아니다. 그냥 그의 모든 것, 어제와 오늘, 그리고 말과 행동 모두가, 반反성경적이고 반인권적인 문재인 주사파에 대한 최적의 공격 무기다.

전 목사가 하나님께 "까불지 마!" 하고 외친 것은 신성모독이 아니라 공산화되어서 숨넘어가기 직전인 대한민국을 걱정하는 절규다. 거액의 빚을 내서 소모적 이벤트에 올인 하는 그의 간 큰 허풍이야말로, 보수 궤멸로 인해 꾹꾹 눌려 온 국민적 분노를 담아내기에 딱 적합한 그릇 역할을 하고 있다.

아이러니하게 전 목사를 정면으로 사회에 소개하기 시작한 것은 국내 언론이 아닌 외국 언론이었다. 2019년 11월 8일 뉴욕타임스에 아래 기사가 실렸다. 전 목사에 대한 시선이 곱지는 않았지만, 그의 독보적인 존재감과 우파진영 내에서의 비중은 그대로 인정하고 있다.

뉴욕타임스 11월 8일자 기사

한국의 보수주의 부활을 이끄는 포퓰리스트 목사

지지자들은 그가 '모세의 지도력과 솔로몬의 지혜'를 가졌다고 믿는다. 비방자들은 그에게 '자아도취적 선동가'와 '가짜 선지자'와 같은 딱지를 붙인다.

전광훈 목사가 뭐라 불리든 63세의 장로교 목사가 한국에서 문재인 대통령에 대한 보수적 반발을 추동하는 힘이 되었음을 부인할 수는 없다. 전 목사는 한때 괴짜로 폄하되었으나 최근 몇 주 동안 서울 중앙에서 열린 집회에 많은 군중을 끌어 모아 문 대통령의 법무부 장관 조국을 물러나게 했다. 그는 또한 문 대통령의 퇴진을 요구하고 있는데, 이를 '주님의 명령'이라고 부른다.

전 목사는 인터뷰에서 문 대통령에 대해 독일인 목사 디트리히 본회퍼가 히틀러에 대해 언급한 내용을 인용하면서 "미친 자가 자동차를 운전하게 할 수는 없다"고 말했다. 그는 증거 없이 '문재인은 북한의 주요 스파이'라고 덧붙였다.

전 목사는 그런 선동적이지만 기억하기 쉬운 구호를 지속적으로 반복함으로써 대부분 나이 많은 기독교인 군중을 불러 모은다. 그는 문 씨와 같은 진보적인 지도자들이 한국을 '공산화하고 있다'고 말한다. 이 '북한 추종자들'은 한국을 미국에서 멀어지게 하고 북한과 중국에 더 가까이 가져가면서 '국가를 파멸시킨다'고 경고한다.

전 목사의 부상은 서구 우파 포퓰리즘의 부상과 여러 측면에서 유사하다. 애국심과 토착 주의에 대한 호소, 이념적이고 반이민적인 경향, 하나님과 전통에 대한 귀의, 그리고 소셜 미디어를 이용한 대안 뉴스를 퍼뜨려서 분노를 유포하고 국가가 '붕괴'하거나 '지구상에서 사라질' 위험에 대한 두려움을 부추긴다.

놀랄 일도 아니지만 전 목사는 트럼프 대통령을 대단

히 존경한다. 트럼프 대통령이 2017년에 서울을 방문했을 때, 전 목사의 교회 성도들은 '신이 트럼프 대통령과 함께하기를' 또는 '우리는 트럼프 대통령을 위해 기도합니다'라고 적힌 현수막을 들고 길거리로 나갔다. 그는 미국의 복음주의 기독교인들이 오바마에게 속았고 미국이 이민에 의해 이슬람화되지 않도록 트럼프 대통령을 선출했다고 한다.

전 목사는 2차 세계대전이 끝날 무렵 미국인들이 한국을 일본 식민지 통치에서 해방시켰고 1950~53년 한국전쟁에서 공산주의 침략자들로부터 한국을 방어했기 때문에 한국은 "미국의 자녀"라고 말한다. 그의 집회에는 태극기만큼 많은 미국 국기가 등장한다. 연사들은 워싱턴과의 동맹을 훼손하는 자들을 '악' 또는 '사탄'이라 부르며, 군중은 '아멘!' 또는 '할렐루야!'라고 응답한다.

문 씨가 사임할 가능성은 거의 없고 분석가들은 전 목사를 그 열기가 결국 식어버릴 돈키호테식 선동가로 취급한다. 그러나 지난 몇 달 동안 그 목회자는 두 가지 강력한 감정, 즉 남한인들 사이에 널리 퍼져 있는 북한에 대한 두려움과 침체된 국내 경제에 대한 불만을 이용해 정치적 화염을 불러일으켰다.

청와대는 처음에 전 목사의 대통령을 향한 욕설 가득한 비난에 대해 "언급할 가치가 없다"고 무시했다. 그러나 지난달 민주당은 전 목사가 추종자들에게 청와대를 침공하여 문 씨를 하야시키는 순교의 대열에 합류할 것을 권고한 이후 그를 선동 혐의로 조사해달라고 경찰에 요청했다.

교회법과 뉴스를 전문으로 하는 법률신문의 편집장인 황규학 씨는 "그의 집회는 기독교 부흥 집회와 같아서 비기독교인에게는 생경하고 문재인이 북한의 간첩이라는 그의 주장은 과장되고 선동적으로 들린다"면서도 "그러나 그의 전술은 먹혀들고 있으며 그를 무시할 수 없는 힘으로 만들고 있다"고 말한다.

전 목사는 한국 중심부인 예천에서 태어났으며 한 세기 전에 강을 건너온 미국 선교사들에 의해 개종 된 한 신앙심 깊은 가정의 장남이다.

그는 학교 수업에서 낙제해 목사였던 친척과 함께 살도록 보내졌을 때 인생에서 결정적인 순간을 맞이했다. 그는 낮에는 전자공학 고등학교에 다녔다. 밤에는 프린스턴에서 공부한 목사가 전 씨에게 영어를 가르쳤으며, 다양한 책을 읽도록 가르쳤다. 특히 또 다른 프린스턴 대학 출신인 한국의 독재적 건국 대통령 이 승만의 전기를 읽도록 했는데 그(이승만)는 미국 교회 의 인도주의적 지원에 도움을 받았고 특히 자기 정부 에서 기독교인을 선호했다.

전 목사는 도시 빈민의 권리에 관심이 깊었던 그 목회 자에게 큰 영향을 받았다고 말했다. 그는 교회가 사회 적, 정치적 변화를 위한 도구 역할을 할 수 있다는 생 각을 가지고 고등학교 졸업 후 신학교에 등록했다.

"역사를 통틀어 교회는 항상 정치 조직이었습니다." 전 목사는 말했다.

한국의 교회는 정치 운동의 역사를 갖고 있다. 진보적 목사들과 사제들은 지난 수십 년간 이 나라를 통치했 던 군사 독재자들을 상대로 캠페인을 벌였다. 그러나 보수적인 목사들은 종교적 신앙을 반反공산주의 애국 심과 동일시한다. 서울에 있는 수십만의 회중이 있는 많은 초대교회가 한국전쟁 전에 북한에서 공산주의의 박해를 피해 도피한 복음주의 기독교인들에 의해 세 워졌다.

전 목사는 자신의 고등학생 아들이 어느 날 집에 와서

조지 워커 부시 대통령을 죽여야 한다고 말하는 것을 듣고 2005년부터 애국 집회를 조직하기 시작했다고 말했다. 그는 이 에피소드를 통해 전교조(전국교직원노동조합) 교사들이 아이들을 반미사상과 친북적인 이념으로 세뇌하고 있다고 확신했다.

서울에 있는 전 목사의 사랑제일교회는 신도가 5,000명이다. 그리고 한국의 뉴스는 그에 대한 기사를 쓸 때 그를 조롱하는 경향이 있다.

한 번은 그가 한국 정부가 5명 미만의 자녀를 낳는 가정을 처벌해서 한국이 세계에서 가장 낮은 출생률을 높여야 한다고 말했다. 그는 또한 한국의 모든 불교 승려들을 섬에 투옥하여 한국을 기독교화해야 한다고 말했다.

전 목사는 아직도 낙태를 '살인'이라고 부르며 동성애 때문에 세상이 더러워진다고 말한다. 그의 설교는 이슬람 혐오 메시지로 가득 차 있으며, 아랍계 이민자들을 잠재적 테러리스트라고 부른다.

지난 1월 전 목사는 보수적인 교회 단체인 한국기독교총연합회 대표회장으로 선출되면서 중요한 정치적 지위를 차지했다.

그가 지난 6월에 문 씨의 하야를 요구하기 위해 기자 회견을 열었을 때, 라이벌 목사들은 그를 '독사의 아들'이라고 불렀다. 한국기독교교회협의회는 그가 신자들을 거짓말과 가짜 통계를 가지고 '집단 광란'으로 이끈다고 비난했다.

그럼에도 대부분의 한국인은 문 씨가 8월에 조국을 법무부장관으로 임명할 때까지 전 목사에게 진지한 관심을 두지 않았다. 조 씨 가족의 윤리적 타락에 대한 수많은 뉴스 보도에 따라 전 목사가 급부상했다. 대중의 분노가 치솟자 그의 주말 집회는 한국이 지난 몇 년 동안 보아 왔던 가장 큰 반정부 시위 중 하나가 되었다.

전 목사는 우익 유튜브 채널들 사이에서 강력한 지지자들을 보유하고 있으며, 이 채널은 그의 집회를 생중계하고 분노를 퍼뜨리고 사회를 양극화시키는 바이러스성 이야기를 유포한다. 전 목사는 자신의 유튜브 채널을 운영하고 같은 생각을 가진 유튜버들에게 자금을 지원한다. 그는 또한 4월에 의회에서 의석을 차지한 최초의 신앙 기반 정당이 되기를 희망하는 기독 자유당을 후원하고 있다.

매일 밤, 전 목사를 따르는 수백 명의 사람은 문 씨의 사임을 요구하기 위해 청와대 근처에 진을 치고 있다. 전 목사가 아침에 나타나면 현금 기부를 하고 그의 축복을 구하려고 쫓아가는 사람들도 있다. 69세의 김석남 씨는 며칠 동안의 연좌 농성에 동참하기 위해 캘리포니아주 새크라멘토에서 비행기를 타고 왔다. 그녀가 무릎을 꿇고 울고 있는 동안 전 목사가 머리에 손을 얹고 기도로 축복했다. 그녀는 전 목사를 '현대의 선지자'라고 말했다. 그녀는 전 목사 조직에 4,000달러를 기부했다고 말했다.

전 목사는 그의 성공에 관해 물었을 때 '성령의 사역'이라고 말했다.

"나 때문이 아니라 문 씨에 대한 사람들의 분노가 그들을 내 집회로 이끌었다."

— 최상헌, 뉴욕 타임스 서울 사무국장(위 기사 집필)

운동권 투사로 영원히 사는 길

우리는 얼마나 조롱받았습니까.
우리는 수구 꼴통이라고, 적폐 세력이라고
얼마나 조롱을 받고 얼마나 많은
눈물을 흘렸습니까.

청와대 앞 농성을 시작하다

8월 26일 김문수TV 일요 라이브를 방영하는 중에 문재인이 조국 법무부장관 임명 발표를 했다. 우리 팀은 김문수 지사에게 청와대 농성을 제안했다. 그러지 않아도 김 지사는 지난 며칠간 청와대 앞 전광훈 목사의 농성에 동참할 명분을 찾지 못해 노심초사했다. 김 지사는 당장 전 목사에게 전화를 걸었다. 전 목사가 모든 준비가 다 되어 있으니 몸만 오라고 반겼다. 그렇게 우리는 광야교회에 합류했다.

성명서

조국 사퇴·특검 실시 촉구 농성에 들어가며.

우리는 오늘 대한민국 애국 국민의 이름으로 조국 법무부장관의 사퇴를 촉구한다.

조국과 그 가족의 불법 비리에 대한 특검 실시를 요구한다. 우리는 위의 요구가 관철될 때까지 청와대 앞에서 무기한 농성을 실시한다. 문재인은 대통령직을 이용해 나라의 운명을 백척간두의 절벽으로 밀어내는 도박을 자행하던 중 마침내 파렴치한 기생충 조국을 법무부장관 후보로 지명했다. 조국과 그 가족은 지난 수십 년간 법망을 교묘히 피해가며 국민 세금을 훔쳐 왔다. 문재인 정권하에서는 청와대 민정수석으로서 권력을 악용해 개인 재산을 축적했다. 점입가경으로 자기 가족의 부와 지위를 대물림하기 위해 이 나라 부모와 자녀의 마지막 희망인 교육 사다리를 잔인하게 발로 차버렸다. 우리는 문재인 대통령이 조국 법무부장관을 통해 이루려는 대한민국 적화 음모를 중

단하고, 공직자의 기본도 지키지 못하는 범법자 조국은 법무부장관 후보에서 사퇴할 것을 요구한다. 국회는 조국 가족의 불법 사기 행각으로 인해 더럽혀진 사회 질서를 정화하기 위해서라도 하루빨리 특별 검찰을 임명하여 조국과 그 가족의 과거 행적을 전면 수사할 것을 촉구한다. 우리 주장이 관철될 때까지 임명권자인 문재인 대통령이 직무 하는 청와대 앞에서 무기한 농성에 돌입한다.

- 2019년 8월 26일 대한민국수호 비상 회의,

행동하는 자유 시민, 김문수TV

눈물의 삭발식

　　김문수 지사가 9월 17일 오전 청와대 분수 대 앞에서 '문재인 대통령 퇴진과 조국 법무부장관 구속' 을 요구하며 삭발을 했다.

　"머리밖에 깎을 수 없는 미약함에 대해 죄송스럽다. 제 가 오늘 머리를 전부 깎는다. 나라가 이렇게 무너지고 온 국 민이 아우성치는 모습, 아무 생각 없이 놀고 있는 손 자, 손녀들을 보면서 평생 나라를 위해 살아온 사람으로 서 할 수 있는 게 없을까라는 생각에 머리를 깎는다."고 말 하며 박대출 의원이 자신의 머리를 자르기 시작하자 눈물 을 흘리기도 했다.

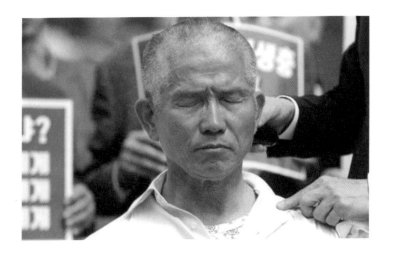

김 지사는 "자랑스러운 대한민국을 다 같이 지켜내자"고 말하다 울먹이며 말을 잇지 못하는 모습을 보였다. 국회의원들을 향해서는 "전부 머리 깎고, 의원직 던지고, 문재인을 끌어내려야 한다."고 외쳤다. 다음날 나도 통탄의 심정으로 사부님을 따랐다.

차명진 페이스북 2019. 9. 18.

저는 오늘 국민들께 그간의 제 정치적 행동에 대해 깊이 통한하고 사죄하는 삭발을 하겠습니다. 사실 저에게는 문재인에게 치명적인 상처를 낼 수 있는 더 효과적이고 더 강력한 무기가 있습니다. 그동안 저는 나름의 말과 행동으로 문재인 정권과 정면으로 맞서 싸워 왔습니다.

그들의 정체가 극악한 주사파이며 공직자의 기본적인 소양조차 못 갖춘 대한민국 공공의 적임을 만천하에 폭로해 왔습니다.

제 칼에 저 스스로가 수없이 베이는 아픔까지 감수하며 치열하게 싸워 왔습니다. 저는 그동안 제가 가진 것 모두를 던져서 주사파 문재인 정권과 싸워 왔습니다. 그들이 가해 오는 어떤 탄압에도 굴하거나 피하지 않고 당당히 맞서 왔습니다. 때로는 제가 휘두르는 칼에 저 스스로의 살이 베이기도 했습니다.

코딱지만한 재산을 그들에게 강탈당하고 그것도 모자라 금치산자가 될 위기에 처했습니다.

좌파 언론들의 선동에 의해 어느덧 인간 차명진은 무시무시한 괴물로 변신해 버렸습니다.

피붙이들과도 의절했습니다. 그래도 저는 희망을 잃지 않았습니다.

내가 이 한 몸 던져 싸우면 언젠가 국민들이 내 뜻을 알아줄 것이라는 믿음 때문이었습니다. 국민들이 저 붉은 문재인 주사파의 포악성, 부도덕성, 이중성을 목도하는 순간 분연히 일어설 것을 확신했기 때문입니다. 그러나 거기까지였습니다.

문재인 정권의 모든 정당성을 부정하는 조국 사태가 벌어졌는데 국민들이 침묵하고 있습니다. 일어나라 외치는 저와 우리 우파를 따라오지 않고 있습니다. 놀랍게도 주사파들은 치부가 드러날수록 더 기고만장하고 있습니다. 물러서고 양보하기는커녕 자기들끼리 더 똘똘 뭉치고 단단해지고 있습니다.

왜일까? 저는 깊이 고민했습니다. 국민들은 지금 세상을 분탕질하는 주사파보다 제가 속한 우파 진영이 더 못 미덥습니다. 국민들 눈에 우파는 지금 우리가 손가락질하는 주사파보다 더, 부패하고 부정의한 집단으로 비치고 있습니다. 우리는 나라를 운영할 기회가 있었을 때 그 힘을 국민을 위해 애쓰는 대신 내 자리를 지키기 위해, 더 좋은 자리를 차지하기 위해, 자기편끼리 아귀다툼하느라고 날을 지새웠습니다. 급기야 자기들끼리의 원한 다툼 때문에 적에게 성문을 열어주는, 단군 이래 가장 말종적인 역사를 기록했습니다. 자신들이 내세운 대통령, 우파 진영의 1호 동지를 모두 적들의 아가리에 고스란히 갖다 바치면서도 찍소리 한마디 못했습니다. 국민들 보기에 오늘 한국의 우파 진영은 신념도 의리도 없는 집단입니다.

더더욱 한심한 것은 지금 살아남아 우파 부활을 이끌어야 할 자들이 아직도 부패의 못된 손버릇을 못 고치고 있습니다. 적 주사파가 빤히 보이는 앞에서 아직도 너 잘났다, 내 잘났다, 사분오열 상태에서 갈라지고 찢어져 있습니다. 나라가 흔들리는 이 마당에 나 혼자 살겠다고 방구석에 처박혀 바짝 엎드려 있는 자들이 소위 지도자라고 이름을 걸고 있습니다.

국민들은 이런 우파의 무능과 부패와 분열상을 똑똑히 목격하고 있습니다. 그런데 누가 우리의 손을 잡고 우리와

동행하겠습니까? 누굴 믿고 분연히 일어나겠습니까? 바꿔어봐야 빤한데, 적 주사파보다 더하면 더 했지 전혀 다를 거 없는데, 왜 우파를 다시 선택하겠습니까?

저는 그래서 오늘 저부터 통렬히 반성합니다. 문재인 주사파를 몰아낼 때까지 누가 먼저고 누가 순혈인가를 따지며 편 가르지 않겠습니다. 내 마음 한구석에 혹시나 남아 있는 사욕을 떨쳐 버리겠습니다. 이 시련이 끝나면 달콤한 열매가 내 몫으로 떨어지겠지 하는 얕은 계산도 버리겠습니다. 그런 의미에서 오늘 저에게 마지막 남은 재산인 머리카락을 자르겠습니다.

나의 남은 자존심과 사욕을 벗어버리겠습니다.

우리 우파 동지들에게도 부탁드립니다. 적 주사파는 우리 모두를 합친 것보다 강합니다. 우리가 가진 것 모두 내려놔야 그들을 이길 수 있습니다. 지금 우리가 누리고 있는 것을 원래 주인에게 돌려줍시다. 국민들께 돌려드립시다. 뭉칩시다. 싸웁시다.

김문수, 다시 광야에 서다

조국 구속 투쟁이 하루하루 진행되면서 김문수 지사의 투쟁 방향이 점점 문재인 주사파 반대 투쟁으로 깊어졌다. 전 목사의 반문재인 투쟁에 김 지사의 반주사파 투쟁이 더해져 십자가와 태극기의 만남이 극적으로 이루어졌다. 그렇게 둘은 결합했다. 이후 김문수 지사는 각종 집회와 강연에서 주사파의 위험성을 알리며 그들과의 전쟁을 선포했다.

김문수 지사 2019년 12월 3일 파주 연설

김문수) 저는 사실 과거에는 좌익이었어요. 민중당 하기 전에 운동권을 했는데 대학을 입학하기 전부터도 박정희 대통령 3선 개헌 반대, 대학 가서는 바로 좌익 운동권.. 그 당시는 마르크스, 레닌주의, 일부는 신영복 주사파, 요즘 말로 종북 세력이 대세였습니다. 저는 사실 방황을 많이 했어요. 거의 20년 이상을 방황하고 공부하면서 사상이라는 것은 쉽게 못 끊는다는 걸 알았어요. 상당히 오랫동안 그 사상을 가지게 된 기간만큼 그것을 바꾸기 위해서도 상당한 노력을 해야 합니다.

제가 도지사 시절 파주에 가장 많은 지원을 했을 겁니다. 이유는 파주가 바로 가장 아픈 곳이기 때문에. 파주에 통일교를 넘어서 임진강을 넘어서 캠프 그리브스 대성동 마을, 그곳이 개성공단 바로 거기잖아요, 기정동 마을. 땅굴. 여러분 파주 아닙니까. 이렇게 좋은 땅, 그러나 이렇게 아픈 땅이 세계 어디 있습니까. 임진강이 흐르는 그곳으로 물이 빠지고 나면 걸어서 바로 북으로 갈 수 있죠.

　제가 대학교 때 존경했던 교수가 바로 이 파주 출신의 김낙중 교수였습니다. 저는 그분을 모시고 민중당이라는 빨갱이 당을 만들었는데, 그 민중당이 해산된 뒤에 제가 안기부(국가안전기획부, 現 국가정보원(국정원))에 잡혀 갔습니다. '김낙중이 간첩인 걸 너는 알았지?' 저는 몰랐습니다. 이 파주 출신의 김낙중, 우리 민중당 대표가 저는 간첩인 줄 몰랐어요. 제가 그분에게 일부러 물어봤습니다. '선생님, 북한하고 어떻게 하면 우리가 통일이 되겠습니까.' 절대로 간첩 말을 저한테 한 번도 한 적이 없어요. 그런데 당시에 안기부 조사 결과를 보니까 김낙중 선생의 집 장독대 안에 권총이 들어있고 달러가 들어있고 북한의 지령, 암호문을 해독하는 난수표가 들어있었어요. 저

는 굉장히 충격을 받았습니다. 사모님이 학교 선생이었고 아들은 지금 미국 유학을 갔다와서 고려대학교 교수를 하고 있어요. 이분이 간첩일 수 있느냐. 그러나 간첩이었습니다. 그분은 너무나 착하고 제게 한번도 김일성, 김정일이 좋다는 소리를 한 적이 없어요.

그런데 북한 노동당 서열 20위의 이선실이 와서 우리 밥을 사줬어요. 그 당시 몇 백만 원 하던 비싼 복사기를 사줬어요. 아크릴판에 큰 글씨로 '이선실 여사 기증'이라고 써 붙였어요. 나중에 보니까 이선실이가 간첩인데, 북으로 넘어가 버렸어요. 나중에 북한 티비에 나왔는데 북한 노동당 서열 20위. 자기는 남편이 일찍 죽었고, 돈이 조금 있는데 이거 가지고 좋은 민주화운동 하는 데 쓰라고 이러면서 복사기도 사주고 밥도 사주고 돈도 줬는데 돈 받은 사람은 다 잡혀갔어요.

제가 경북 영천 출신인데 서울로 오니 서울에 판잣집이 이렇게 많은 줄 몰랐어요. 저 어렸을 때 판잣집에 살았어요. 그런데 서울에도 청계천 삼일빌딩 그 앞에 판잣집이. 이렇게 판잣집이 많구나. 빈부격차가 이렇게 심한지 몰랐어요. 저는 평등한 세상을 원했습니다. 그런데 평등한 세상을 원하는 것은 바로 마르크스다, 앵겔스다, 레닌이다, 모택동이다. 저는 빨갱이가 좋은 것이라고 생각했어요. 남북이 통일되려면 미 제국주의자를 몰아내야 된다. 일본 잔재세력을 몰아내야 된다. 그래서 저는 우리나라가 미국 군바리들을 몰아내야 한다고 생각했어요. 파주도 7사단 다 나갔죠? 나머지 남은 2사단 몰아내고 평택에 7공군 몰아내고. 다 몰아내자. 그럼 우리가 우리끼리 북한하고 통일하고 평화롭게 살면 되지 않느냐. 중립국가하면 되지 않느냐. 이런 달콤한 이야기에 저도 넘어갔던 겁니다. 반미자주 우리민족끼리, 그것이 그렇게 매력적으로 들리더라고요. 왜, 우리는 식민지를 경험했기 때문에. 미국이 여기에 주둔하는 것은 신 식민지다. 파주, 필립스와 손을 잡은 LG는 매판자본이다. 왜 우리가 우리 기술 안 쓰고 필립스 기술 써야 돼? 필립스 자본 받아들여야 돼? 이 매판자본을 물리치자. 우리민족자주. 제가 대학 다닐 때는 김대중 대통령이 대중경제론을 1971년 대통령 선거 때 내놓았는데, 그 책자를 박현채라는 서울대학교 선배 교수가 썼어요. 그 내용이 뭐냐, 우리는 우리식대로 살아야지 외국 자본을 가져오면 자본 때문에 우리가 외국의 식민지가 된다. 우리가 외국 기술 가져오면 자본종속이자 기술종속이며 수출하는 것은 시장 종속이다. 그렇기 때문에 우리는 더 이상 식민지가 되기 싫으면 외국의 시장도 자본도 의존하면 안 된다. 자급자족을 해야 된다. 이것이 바로 대중경제론이에요. 지금 민주당이 이 짓을 계속하고 있어요.

이렇게 우리 민족끼리만 하자는 이것이 주체사상의 첫 번째 특징입니다. 그리고 무조건 평등하게 하자. 그래서 저는 형제간에도 다르고 이웃 간에도 다르지만 서로 힘을 합쳐 도와주는 건데, 이렇게 해야 된다는 것을 빨갱이 생활 24년 이후에 겨우 알게 되었어요. 왜 그렇게 바뀌었느냐. 바로 소련이 무너지는 것을 보면서. 소련은 평등도 없고 가난밖에 없더라. 스타킹 한 장만 주면 모스크바의 가장 아름다운 여대생과 하룻밤 잘 수 있다는 이야기를 제 친구한테 들었어요. 안기부에서 괜히 우리를 세뇌하기 위해서 퍼뜨린 말이 아니었고. 공산권이 무너진 1990년 된 이후 철의 장막이 벗겨지면서 저는 비로소 진실을 알게 되었고 매우 당황했습니다. 그런데 빨갱이 짓 하던 사람이 깨어나는 게 쉬운 건 아니었습니다.

○

전대협(전국대학생대표자협의회) 아시죠? 1987년에 전대협이 결성되었고 1기 전대협 의장이 고려대학 출신의 이인영 의장입니다. 한양대학교 총학생회장 임종석이 3기 의장인데 6년 동안 서울대, 고대, 연대, 한양대 전국의 모든 백여 개 대학의 총학생회를 장악한 것이 전대협이었습니다. 1992년 해산된 이후 2007년까지 15년간 한총련(한국대학총학생회연합), 한대련(21세기 한국대학생연합)이 주체사상을 공부하고 북한의 라디오 방송을 들어요. 저는 86년부터 88년 올림픽 끝날 때까지 감옥에 있었는데 그때 전대협, 한총련 출신들이 무려 2,000명가량 계속 들어왔어요.

○

'지금부터 남조선 청년 학도들에게 위대하신 김일성 수령님의 교시를 말씀 드리겠습니다.' 이래가지고 방송으로 가르쳐주는 거예요. 남조선의 역사, 우리 조선의 역사, 혁명의 이론, 수령이 왜 중요한지, 왜 우리 눈동자처럼 중요한지. 감옥에서 이들이 범치기(규정에 위반되게 다른 수용자와 물건 주고받는 등의 행위를 하는 것)를 해요. 화장지에 막 써서 볼펜심 안에 몰래 넣고 그 다음날 아침에 뿌려서 감옥 안에서도 빨갱이 학습을 계속 하는 겁니다. 교도관을 의식화시킵니다. 이들이 대학을 졸업하면서 고시공부를 합니다. 대법원장 김명수, 우리법연구회, 대법관 김선수 다 좌익들입니다. 민변(민주사회를 위한 변호사 모임)의 2,000명이 넘는 좌익 변호사들도요. 행정고시를 봐서 정부 고위관리가 되고. 기자가 되고, 공중파 방송과 각 신문사에 들어가요. 그리고 대학교 교수가 되어서 한총련, 전대협, 주사파들이 전국 대학을 다 장악했습니다. 전교협이라고 전국 교수 협의회, 수천 명이 됩니다. 전교조 수만 명이 또 초중고 교사로 가서 전부 애들한테 거꾸로 된 역사를 가르쳐요. 항일 무장투쟁의 전설적 영웅 김일성, 친미사대주의자 독재자로 영구집권을 꾀

하다가 청년 학도들의 의거에 의해 쫓겨나서 하와이에서 쓸쓸히 죽은 이승만. 당시 천황의 시혜를 받고 다카키 마사오로 창씨개명을 하고 독립군을 토벌하고 해방이 되어 빨갱이 짓 하다가 여순사건 때 동지를 배반하고 나중에 쿠데타를 해서 유신독재 하다가 김재규에게 총 맞아 죽은 박정희. 이렇게 가르치는 거예요. 대한민국은 태어나선 안 될 나라인데 이승만 친미사대주의자 독재자가 만들었고 박정희라는 쿠데타 세력이 만든 나라니까 없어져야지. 항일 무장투쟁의 전설적 영웅이 만드신 자주국가 조선민주주의인민공화국이 우리의 참 조국이야. 이게 바로 신영복의 사상입니다. 이 신영복이 통일혁명당을 만들었는데요, 이것은 간첩이 아니고 대한민국을 폭력혁명으로 전복시키는 겁니다. 이석기 보셨죠. 평택의 가스탱크를 결정적인 때 송유관이나 변전소를 폭발시키고 지하철 파괴시키고 결정적인 순간에 근본적으로 혼란을 시켜 뒤집어 엎을 계획을 세웠습니다.

신영복은 육군사관학교 교관에 들어가서, 공부 잘하고 가난한 애들 뽑아서 '너 왜 가난한지 생각해봤어? 미국 놈들이, 일본 놈들이 뺏어가고 지금은 이병철 같은 대기업들이 미국, 일본에 빨대를 꽂아서 우리 노동자 피를 빨아가잖아. 너 안 보여?' 이런 식으로 선동을 하면서 의식화를 시켜서 빨갱이를 만드는 겁니다. 제 고등학교 대학교 선배들이 무기수가 되면 그 밑에 간첩들이 또 가족을 빨갱이 만드는 거예요. 그 중에 한 명이 북한 해주에 가서 방송국을 만들어 단파방송을 하니까 1997년부터 전국 대학교가 다 김일성 주체사상으로 물든 겁니다.

○

강삼재 동기동창이 바로 문재인입니다. 경희대학교 학생 운동권이었어요. 문재인의 〈운명〉이라는 자서전이 있는데, 가만 보면 자기 스스로가 빨갱이라고 고백해요. 미군은 물러나고 국가보안법 철폐해야 된다. 빨갱이라는 말은 안 하지만 빨갱이의 음식은 다 먹는 거죠. 노무현이라는 변호사가 부산상고를 나왔어요. 변호사 시험을 본 입지전적인 젊은이예요. 이 사람은 세무전문 변호사가 되어 돈도 실컷 벌었어요. 요트협회 회장도 되어 일본까지 요트타고 왔다갔다 하는 멋쟁이 풍류 변호사가 노무현이었는데, 1981년 약 22명의 부산대학교 졸업생들이 계속 빨갱이 독서공부를 하면서 모임과 조직을 운영하고 있는 거예요. 고영주 변호사가 그때 수사를 했습니다. 잡아서 조사해

보니 빨갱이 책인데 김광일 변호사가 노무현이 보고 도와 달라고. 변론을 하다가 책을 읽어 보니 어 이게 맞네. 〈전환시대의 논리〉, 베스트셀러예요. 운동권에 안 읽은 사람 없어요. 우상과 이성. 중국 모택동의 문화혁명에 대한 이런 책을 읽어보니 대한민국 잘못 세워진 나라네. 중국은 모택동이 진짜고 장개석은 비겁하고, 모택동이 인민의 별이야. 빨갱이가 이 세계의 정통이고 자본주의라는 것은 착취자들의 조직이구나. 노무현은 대한민국을 부정하기 시작했어요. 엄청난 열정을 가지고 노동인권변호사가 되었어요. 문재인, 노무현, 송철호. pk의 노동인권 변호사 이 셋이 모두 학생들을 변호하면서 좌경 사상에 물든 겁니다. 그게 '변호인'이라는, 천만 명의 관객을 울린 영화입니다.

사람들은 그래요. '문재인, 생긴 게 아주 선하게 생겼어. 그 사람 천주교 신자 아니야, 부산에서 송기인 신부가 와서 기도도 해주고, 얼마나 거룩해. 문재인이 뭐가 문제야. 전광훈 목사님 당신 말 조심해요.' 빨갱이는 잘생겼고 부드러워요. 저같이 삐쩍 마른 것도 없어요.

저는 절망했어요. 옛날에 저와 감옥 갔던 친구, 양천 을에 출마한다고 하는 이용선이라고 있어요. 그 부인까지

도 저 감옥 갈 때 공범이었어요. 부부가 다 감옥을 들락거린. 이런 사람들이 문재인 청와대의 60퍼센트 이상을 차지하고 국정원까지 다 빨갱이로. 전교조 언론노조 민노총은 말할 필요도 없고. 나라가 이렇게 되어 저는 절망을 했어요. 아, 이제 답이 없다. 우리 손주들까지 이 빨갱이 세상에 살게 할 수 없다고 나름대로 애를 썼는데. 그런데 우리 전광훈 목사님이 6월 8일에 빨갱이는 안 되지 하고 나서는데, 청와대 앞에 문재인 콧구멍 앞에 텐트 치고 매일 하겠다 하시는 거예요. 목사님 잡혀가겠다면서, 심지어 잡혀가면 더 좋대요. 얼마 전에 두 달 감옥에 갔다 오셨대요. 갔다 오니까 당뇨도 다 낫고 너무너무 좋다는 거야. 돌아가시면 어떡합니까 물었더니, 죽으면 더 좋다는 거예요. 천당이.

○

정치권에서는 이래봬도 용기라면 제가 1등입니다. 심상정이 파주 출신이에요. 제 공범이었어요. 이런 것도 도망이나 다녔지. 저는 고문 당하면서 안 불건 안 불었어요. 깡다구도 있고 용기도 있는데. 목사님은 저보다 몇 배 위더라고. 물으니까 나는 뭐 잡혀가면 건강에도 좋고 죽어도 천당이 더 좋다 하시는 거예요. 저는 믿음이 부족해 잘 모르겠거든요. 솔직히 안 보이거든요. 그래서 목사님이 앞에 서서 죽겠다고 나오는데, 저는 처음에 안 가다가 조국이 하는 걸 보고 야, 이건 안 된다 하고 백여 일 전부터 저도 시작했어요. 목사님 옆에 천막 하나 조그만 거 쳐놓고 지금 같이 있는데, 다른 목사님들이 저한테 어마어마하게 전화가 많이 와요. 전광훈이 같은 욕 잘하는 목사 옆에서 뭐 하냐고. 저는 경기도에 교인들 몇 십만 되는 목사님들하고 다 친한데, 하필이면 장위동 그 별 볼일 없는 크지도 않은 목사 예배를 왜 보냐고.

근데 목사님 교회에 내가 2년 넘게 계속 갔어요. 욕도 잘하지만은 설교도 아주 잘 하세요. 제가 모르던 걸 너무 많이 배웠어요. 당신 품격이 떨어지니 가지 말라고 해도 계속 갔는데 정말 전광훈 목사님이 문재인 멱살을 따고, 자 네가 죽을래, 내가 죽을래, 하는데. 제가 다른 목사님한테 '목사님, 그럼 목사님이 전광훈 목사님보다 1센치라도 청와대 가까이 가서 문재인이 모가지 한 번 잡고 투쟁하면 내가 줄 바꿔서 목사님 뒤에 설게요, 말로만 우리 교회 오라고 이러지 마시고.' 이렇게 해도 아무도 안 오고 아무도 안 싸우고 아무도 정말 자기 목숨도 안 바치고 시간도 안 바치고 욕도 안 먹으려고 하면서 전광훈 목사님을 뒤에서 험담하고 헛바람 빠지는 소리만 계속 하면서 바늘 찌르는 이 사람들은, 마귀사탄 아니고 뭡니까.

하늘 문이 열리다

기독교야말로 가장 철저한 반주사파요,
반공산주의입니다. 6~70년대에 애국의 심정으로
건국과 산업화에 투신했던 태극기 세대야말로
그 누구보다 자유민주주의의 소중한 가치를
뼛속 깊이 이해하고 있습니다.

판을 키우다, 광장으로 모이는 사람들

문재인 하야 국민투쟁본부의 집회는 모든 주류 언론으로부터 철저하게 외면당했다. 그러나 8월 15일에 이어 10월 3일, 9일, 그리고 25일 철야 집회에 이르기까지 규모가 점점 더 커졌다. 매 집회마다 한국 시위의 역사를 새로 써나갔다. 주최 측조차 10.3 의거의 폭발적인 규모를 예상하지 못했다.

차명진 페이스북 2019. 10. 2.

10.3 의거를 4.19혁명과 비교하는 분들이 많습니다. 실제로 지도부에서도 그때와 똑같은 모습을 그리려 합니다. 아닙니다. 첫째, 운동의 궁극적인 목표와 원리가 서로 다릅니다. 4.19는 그냥 형식적 민주주의의 회복이 목표였습니다. 개표 부정 반대, 3선 집권 반대입니다. 10.3은 다릅니다. 대한민국 체제를 바꾸자는 운동입니다. 주사파 독재 종식, 자유민주주의 부활이 목표입니다. 목표만 놓고 보면 4.19는 의거이고 10.3이 혁명입니다. 둘째, 운동의 주력군이 서로 다릅니다. 4.19는 학사모를 쓴 대학생이 앞장섰습니다. 10.3의 주력은 십자가와 태극기입니다. 따지고 보면 기독교야말로 가장 철저한 반주사파요, 반공산주의입니다. 6~70년대에 애국의 심정으로 건국과 산업화에 투신했던 태극기 세대야말로 그 누구보다 자유민주주의의 소중한 가치를 뼛속 깊이 이해하고 있습니다. 일부 식자와 지배언론들이 이를 못마땅해합니다. 반 문재인 투쟁의 본질을 이해하지 못하고 있습니다. 지금 젊은 사람들은 자유민주 투쟁의 선봉이 될 수 없습니다. 그들 세대는 자유를 누리기만 해 왔지 자유를 위해 투쟁할 줄 모릅니다. 젊은 세대는 이번 투쟁을 통해서 자유와 민주의 진정한 가치를

학습하게 될 것입니다.

셋째, 타격지점이 청와대인 것은 그때나 지금이나 똑같지만 타격 방법과 투쟁방식이 다릅니다. 4.19 때는 물리력이 동원됐습니다. 충돌이 있었고 사상자도 발생했습니다. 10.3은 철저하게 비폭력 장기전입니다. 평화적이며 장기적인 군중 농성 투쟁의 시작이자 세계최초로 대규모 장기 군중 농성이 실현되는 날인 것입니다. 이 투쟁이 성공한다면 10.3 명예혁명으로 불리게 될 것입니다.

차명진 페이스북 2019. 12. 3.

나는 철들고 백 번도 넘게 집회와 시위에 참여했다. 직접 기획도 하고 주도도 했다. 이름하여 전문 데모꾼이었다.

내 경험으로 10월 3일 시위만큼 사람이 많이 모인 걸 본 적이 없다. 나는 연단에서 5백 미터는 떨어져 있었는데도 압사하지 않을까 걱정할 정도였다. 당일 지휘부는 현장 통제능력을 상실했다. 그런데도 그렇게 평화적인 시위가 없었다. 대부분이 기독교인들이었기 때문인 듯하다. 10월 3일 집회는 10월 9일 집회, 10월 25~26일 철야 집회로 이어졌다. 이후 매주 토요일마다 광화문 이승만 광장을 가득 메우는 대규모 국민 집회가 열렸다. 광화문 광장과 효자동

일대의 침체했던 상권이 살아나기 시작했다. 광화문 스타벅스가 태극기를 든 사람들로 붐볐다.

김문수 2019. 10. 9. 국민대회 연설
온갖 비난과 비웃음에도 우리는 하나 되어 싸웠습니다.

우리는 저 문재인에게 이겼습니다. 다 같이 한번 큰 승리의 함성이 저 문재인, 김정은의 소리만 들을 줄 알고 우리들 국민의 소리를 듣지 못하는 문재인의 귀에 똑똑히 들릴

수 있도록 여러분 큰 함성을 계속 질러주시기 바랍니다.

여러분, 우리는 비가 내릴 때도 그 뜨거운 여름 땡볕 아래서도 이겼습니다. 지금부터 137일 전 여름이 시작된 6월 8일, 전광훈 목사님이 청와대 앞에서 드러누워서 단식하면서 '나는 죽을 때까지 문재인을 끌어 내리지 않으면 떠나지 않겠다'는 그 외침이 이제 이겼습니다.

저는 말렸습니다. 그러나 많은 성도 여러분들께서는 기독교 정신으로, 십자가에 매달려 피 흘리며 죽은 순교의 정신으로 여름 더위와 뜨거운 햇볕 아래 폭우가 쏟아지는 10월 3일 개천절에도 한글날에도 10월 16일 또 오늘 밤에도 여러분은 싸워 이겼습니다.

우리는 얼마나 조롱받았습니까. 우리는 수구 꼴통이라고, 적폐 세력이라고 얼마나 조롱을 받고 얼마나 많은 눈물을 흘렸습니까.

그러나 우리는 이 조국 대한민국을, 우리가 사랑하는 이 나라를, 우리 사랑하는 손자 손녀들을 위해 빨갱이들에게는 물려줄 수 없기에, 우리는 조국 같은 기생충에게 이 조국을 뺏길 수 없기에, 지금 문재인이 있는 저 청와대 앞에서, 최전방 최전선에서 22박 23일 동안 땅바닥에서 노숙하면서 투쟁한 것입니다.

순국 결사대와 많은 애국자 여러분들의 희생이 있었기 때문에, 전광훈 목사님의 용기가 있었기 때문에 언론에서 보도하던 안 하던 우리는 전광훈 목사님을 믿고 같이 따라서 최전방에서 모든 것을 바쳤기 때문에 우리는 이긴 것입니다.

차명진 페이스북 2019. 10. 10.

어제 속으로 많이 울었다. 나는 김문수TV 현장 리포터가 되어 집회에 참여하는 일반 대중을 현장에서 취재했다. 나는 원래 지난 10월 3일 집회의 3분의 1 정도의 인원이 올 것으로 예상했다. 워낙 급하게 집회가 준비되었고 주체도 한기총(한국기독교총연합회)이 주력인 '문재인 하야 투쟁본부' 단독이었다. 그들은 정치투쟁 전문가가 아니다.

아침 10시, 집회 두 시간 전, 광화문 무대 밑이 꽉 찼다. 기독교인들이 원래 부지런하니 그러려니 했다. 발걸음을 옮겨 시청 쪽으로 가니 종로를 경계로 경찰이 막고 있었다. 잠시 후 놀라운 일이 벌어졌다. 여기저기서 꾸역꾸역 모여드는 인파가 넘치자 경찰은 할 수 없이 종로를 집회

장소로 터주었다. 그러자 동화면세점에서 시청 앞까지 이르는 도로가 순식간에 사람의 물결로 넘쳐났다. 홍해가 갈라지는 기적이 일어났다.

나는 그동안 문재인 권력의 서슬이 퍼럴 때부터 그의 붉은 사상을 이리저리 문제 삼으며 싸워 왔다. 급기야 좌파 언론에 의해 극우 반동, 괴물 취급을 당했다. 아내까지 힘들었는지 관심 종자 아니냐고 투정했다. 지금 나에게 남은 동력은 내 주장이 실현 가능할 것이라는 확신보다 개인적 오기가 더 크다. 단 한 번 사는 인생인데 내 목소리라도 남기고 죽으리라.

내 생각이 틀렸음이 입증됐다. 국민들도 알고 있었다. 분출구가 없었을 뿐이다. 10월 3일, 10월 9일 집회가 분노의 화산 역할을 했다. 멀리 제주도에서, 그리고 미국 시애틀에서 스스로 수백만 분의 일이 되기 위해 아낌없이 달려왔다. 현장의 국민들은 나를 보자마자 단 한 명의 예외도 없이 "문재인은 빨갱이! 힘내시오."라며 주먹을 불끈 쥐었다. 그들이 바로 의병이었다. 속에서 뜨거운 게 울컥했다. 이 정도면 해볼 만하다. 힘들어도 포기하지 않으리라. 훗날 나도 대한민국 자유민주주의 회복 10월 항쟁의 역사에 한 줄을 기록하리라.

10월 혁명선언

문재인 퇴진 국민운동본부는 10월 3일 이후의 폭발적인 국민의 요구에 힘입어 스스로의 투쟁을 혁명이라고 선언했다. 그리고 혁명 공약을 발표했다.

조갑제 2019. 10. 25 국민대회 국민혁명 담화문

여러분, 겁이 납니까? 왜 겁이 안 납니까, 우리는 이기고 있기 때문입니다. 우리는 태극기를 들고 있기 때문입니다. 우리는 헌법의 칼을 뽑았기 때문입니다. 우리가 하는 게 도대체 뭐냐. 이름을 지어야 할 것 아닙니까. 이런 위대한 일을, 세계사에 남을 일을 '10월 국민혁명'으로 부르기로 합시다. 여러분들은 국민혁명의 주체 세력입니다. 국민혁명은 헌법의 칼을 가지고 있기 때문에 아무도 막아서는 안 됩니다. 이런 모든 뜻을 모아서 국민 혁명 공약을 발표하고 여러분들이 박수로 참여해주시기를 바랍니다. 지금부터 낭독하겠습니다.

대한민국 국민은 오늘 주권자 자격으로 헌법 수호를 위한 구국 행동에 나서면서 우리의 뜻을 밝힌다. 문재인 정권은 북한 노동당의 핵무장을 도우면서 국민 보호를 위한 방어망 건설은 포기하고 핵우산을 제공하는 한미일 동맹을 훼손, 주권자인 동맹을 김정은에게 갖다 바쳐 종 노릇 시키려 한다. 이에 우리는 헌법의 칼을 빼 들고 한반도의 반역 세력을 이겨 자유통일을 향해 나가기 위한 국민 혁명의 행동에 나선다.

국민 혁명 공약

1. 우리는 대한민국 헌법의 최고 가치인 자유, 민주적 기본질서를 수호하고 공산주의를 반대한다.
2. 우리는 북한 노동당 정권과 촛불혁명 세력을 자유의 적, 헌법의 적, 국민의 적으로 규정한다.
3. 우리는 문재인 정권의 헌법 유린 행위를 정권에 의한 반역으로 간주, 헌법의 권능으로 단죄할 것을 다짐한다.
4. 우리는 국민이 헌법 유린 행위에 저항하고 그 헌법 수호에 나설 때 정권이 이를 탄압하는 것을 국헌國憲 문란의 내란죄로 규정한다.

5. 우리는 굳건히 헌법 제 5조의 국가 안정보장과 국토 방위의 신성한 의무를 다할 것을 요구하며 이를 방해하는 세력을 헌법의 적으로 규정한다.

6. 우리는 국민이 진정한 이 나라의 주인이 되는 국민혁명으로 국민의 재산 자유를 지켜내고 자유 통일을 이룩하여 세계 평화에 이바지함으로써 헌법 제1조의 명령인 한반도 전체의 민주공화국을 완성한다.

태극기로 뭉치고, 헌법으로 싸우고, 진실로 이기자!

백만 인파가 수놓은 광화문의 밤

전광훈 목사는 기도로 집회 계획을 세운다. 전혀 현실적이지 않다. 그가 느닷없이 무박 2일짜리 철야 집회 계획을 발표했을 때 모두 반대했다. 막상 당일이 되니 헤아릴 수 없는 인파가 동참했다. 모두가 밤이 새도록 그 자리를 떠나지 않았다. 이날 전 목사는 요지부동의 우파 지도자로 우뚝 섰다.

10월 25일 오늘 광화문 이승만 광장에서 열린 문재인 퇴진 국민대회에 백만 점 중의 한 점으로 참여했다. 연단 및 세 번째 스크린 밑에서 처와 함께 태극기를 흔들며 연사들의 구호에 박수를 쳤다. 25, 26일 집회는 세계 최초의 철야 대중 집회다. 특히 26일 오전 아홉 시부터 세종문화회관 앞에서 열리는 박정희 대통령 추도식은 아주 의미가 특별하다. 대한민국 역사에서 거의 버려지다시피 한 박정희 대통령이다. 그동안 박정희 세 자를 공개적으로 거론하는 것은 금기사항이었다. 기껏해야 현충원에서 지인들끼리 모여 숨어서 추모하던 박정희 대통령을 드디어 광화문광장으로 다시 모시게 되었다. 비운으로 돌아가신 박정희 대통령이 40년 만에 다시 역사 전면에 등장하는 뜻 깊은 날이다. 애국 국민이 각성하고 일어난 덕택이다.

오전 아홉 시 집에서 출발. 열한 시부터 이승만 광장에서 김문수TV 현장 스케치의 리포터 역할. 오후 네 시에 출발해 청와대 동편 십자로를 향해 구국동지회와 함께 출발. 청와대 앞 스크린 차에 올라타 감동의 샤우팅(연단에 올라가다 철제 막대를 들이받아 안경이 깨지고 이마에 혹

이 생김). 오후 다섯 시, 다시 경복궁 옆 중앙로로 가서 김문수 지사가 사회하는 집회에서 샤우팅을 주도했다. 오후 여덟 시부터 아홉 시까지 아내와 함께 전광훈 목사가 집전하는 예배에서 설교를 듣다가 나도 모르게 아멘 했다. 그곳에서 시청역까지 아내 손 꼭 잡고 걸어서 전철 타고 역곡역에서 10번 버스를 갈아타니 어느덧 저녁 열한 시 반. 오늘 참 행복했다.

김문수 지사 2019. 11. 18. 광야교회 연설

8월 15일 100만, 10월 3일 300만, 그리고 10월 9일 200만. 엄청나게 많이 오시는데, 10월 25일 날 목사님이 철야기도를 하겠다, 그랬어요. 늦가을이라 추운데 목사님, 밤에 이제 철야기도 하고 나면 새벽에 천 명밖에 남지 않을 겁니다. 300만 명까지 모았다가 천 명만 남으면 얼마나 우습게 보겠습니까. 목사님이 걱정하지 말라고, 성령이 나와 함께 한다고 그러시는데. 그날 광화문에 갔는데 다들 새벽 다섯 시까지 안 가고 이승만 광장이 꽉 차도록 지하에도 화장실에도 가득해요. 집에를 안가요. 새벽 다섯 시가 되니까 황교안 대표가 연단에 올라와서 밤 새면서 할렐루야를 외치고, 목사님 비판하던 사람들이 광장에서 밤새우면서 통합이 되고 하나로 녹아지는 것을 보면서 '야, 성령이 있는가 보다' 믿게 되었어요. 무슨 묘한 거짓말인지 참말을 시켰는지, 여든 넘은 할머니들도 집에 안 가고.

우리가 문재인을 몰아내고 김정은까지도 날려버릴 거라고 믿습니다. 만주 벌판을 넘어서 시진핑을 몰아내고 시베리아와 저 유럽까지 성령이 폭발하고 자유의 물결이 온 들판을 다 덮을 거라고 믿습니다, 여러분. 함께 갑시다!

청와대 포위 작전

광야교회가 60년대, 70년대, 그리고 80년대에
한국 강산에 역사했던 그 성령 충만한
은혜의 자리를 지금 회복한 거다.
그 은혜의 힘으로 하루하루 살아가고 있다.

가자, 광야교회로

　　매일 수백 명의 애국 성도들이 몰려들자 청와대 앞에는 자연스럽게 광야교회가 만들어졌다. 광야교회는 매일 오전 열한 시와 오후 네 시면 빠짐없이 예배와 애국 집회를 열었다. 연사들은 정세 보고와 규탄사를 통해 광야교회 애국 성도들의 투쟁 의지에 불을 붙였다. 집회는 매번 문재인 퇴진 국민운동본부의 강령을 담은 〈홀라송〉으로 시작해서 〈우리 승리하리라〉 노래로 끝을 맺었다. 이은재 목사와 차명진 전 의원, 권혁부 전 KBS의 이사의 정세 보고와 각지에서 투쟁하는 수많은 애국 인사들의 투쟁 보고 연설이 있었다.

2019. 11. 2. 광야교회 집회

김문수) 여기서 지르는 소리는 청와대에서 400m밖에 안 떨어져 있기 때문에 아주 똑똑하게 들리고 있습니다. 차명진 전 국회의원 선창하시겠습니다.

차명진) 이 애국 대오의 저 끝보다 문재인이 있는 저 끝이 훨씬 가깝습니다. 우리가 구호를 외치면 문재인은 오줌을 지릴 것입니다. 구호 준비, 얍!

문재인은 물러가라 물러가라 물러가라!
조국을 감옥으로 감옥으로 감옥으로!
공수처법 반대한다 반대한다 반대한다!
주사파를 북한으로 북한으로 북한으로!
자유 대한민국 만세, 만세, 만세!

아스팔트의 영웅들

　　광야교회 집회는 전국에서 애국 투쟁을 하는 사람들의 생생한 투쟁 보고와 문재인 규탄 장소가 되었다. 투쟁가들은 자신들이 현장에서 몸소 겪는 투쟁기를 보고하기 위해 몸소 광야교회 집회 현장을 찾았다. 그들의 연설과 인터뷰를 기록으로 남겼다.

이은재 목사(한기총 대변인) 2019. 11. 22. 광야교회 연설

한국교회 목회자 여러분, 지금 이 시대가 어느 시대입니까. 주사파가 누구입니까. 주사파와 대적하는 것은 교회밖에 없습니다. 우리 무너져가는 기독교의 문명을 다시 세울 것입니다. 저희가 왜 이곳에서 이 고생을 하고 있습니까. 한국교회 목사들이 자기 안일에 빠져서 이 나라가 어떻게 공산화가 되어가고 있는지 모르고 있습니다. 왜 비 오는 영하의 이 추운 날씨에 우리가 여기에 나와 있어야 합니까. 애국성도 여러분. 여러분들이 지켜야 합니다. 목사들이 회개하지 않고 있습니다. 그래서 공산주의가 이 땅을 점령하고 있는 것입니다. 여러분의 목회자들을 위하여 기도해주시고 여러분들이 교회에 찾아가 정신 번쩍 차리라고 반드시 전달해 주시기를 바랍니다. 나라가 어두워지고 캄캄할 때 교회가 횃불을 들고 일어섰습니다. 우리 기독교로 문재인 공산정권을 물리치겠습니다. 여러분, 북한으로 보낸 두 명의 청년이 처형당했다는 슬픈 소식이 들리고 있습니다. 그들은 국정원에서도 북송을 만류했지만, 안보실장은 북한으로 보내 죽음을 맞이하게 했습니다. 용서해서야 되겠습니까. 어떻게 대한민국 국민의 말은 듣지 않고 북한의 지령대로 두 명의 젊은 청년을 사지로 몰아낼 수 있단 말입니까.

조나단 목사 2019. 10. 05. 너알아tv 방송

제가 지금 집회를 인도하는 중에 저도 인간인지라 목에서 피도 나오고 도저히 이곳에 나올 수 없는 상황인데도 불구하고 목에 붕대를 묶고 지금 이 자리로 나왔습니다. 저는 한국 교회 목회자들에게 호소합니다. 한국 교회 성도들에게 호소합니다. 이 자리를 한번 나와 보십시오. 정말 전쟁터를 방불케 하고 있습니다. 차마 눈을 뜨고 볼 수가 없습니다. 한국 교회가 처참히 짓밟히고 있습니다. 너무나도 처절한 싸움을 하고 있습니다. 가슴이 터질 것만 같습니다. 분명히 10월 3일 날 누가 보더라도 500만 명 이상이 모였습니다. 500만 명이 모인 이것을 보고 이제 문재인이 아니라 조국이 아니라 더불어민주당까지 공격해오고 있습니다. 분명코 자유한국당은 우리와 모든 것을 함께하고 있습니다. 어쩌면 이 자리에서 제가 마지막 방송일 수도 있습니다. 왜냐하면 오늘 저는 순교할 수도 있기 때문입니다. 그래서 오늘 제가 죽음을 각오하고 이 자리에 나왔습니다. 마지막으로 한국 교회 성도들과 목회자들에게 말씀을 드리겠습니다. 여러분 지금 이 모든 것들은 한국 기독교 총연합회 대표회장 전광훈 목사님께서 3개월 전에 눈물로 기도하시다가 이 나라가 공산주의로 가고 있으며 이 나라가 망하게 되었다고 하나님께로부터 응답을 받으시고 이것을 선포하며 달려 나오셨기 때문입니다. 그래서 500만 명이 모인 광화문 대 집회를 하게 되었는데도 불구하고 이것을 인정하지 않고 정부는 계속 가짜 뉴스를 통해서 온 국민들을 선동하고 있습니다. 오히려 이것이 내란죄가 아닙니까. 대통령이라는 사람이 간첩 신영복을 존경한다고 선언도 했으며 대한민국의 건국일도 인정하지 않고 있으며 사회주의자 조국을 법무부장관으로 임명했으며 그는 사회주의로 선포를 했습니다. 이 모든 것들이 내란죄 아닙니까. 그런데도 전광훈 목사님을 더불어민주당에서 내란죄로 고소를 했습니다. 이게 있을 수 있는 일입니까. 우리가 오히려 그들을 내란죄로 고소를 할 뿐만 아니라 지금 우리는 그들과 싸워야 할 것입니다. 오늘 더불어민주당이라고 하는 그 당명 이름에 대해 제가 말씀을 드리겠습니다. 더불어라는 뜻은 함께 일하고 함께 나눈다고 하는 공산주의라는 뜻입니다. 공산주의 신봉자 김일성이 〈세기와 더불어〉라는 여덟 권의 어록 전집을 출간한 적 있습니다. 통혁당 간첩의 두목인 신영복도 김일성을 따라서 〈더불어 한 길〉, 〈더불어 숲〉이라는 책을 출간했습니다. 남로당 간부요, 간첩으로 구속된 신용우의 딸 손혜원이 더불어민주당 당명을 제안해서, 더불어민주당이 된 것이 정말 여러분 우연일까요. 이번에 조국의 불법과 탈법, 가족 비리, 친척 비리 청문회에서 조국이 자기는 사회주의자라고 강남좌파라고 밝혔는데 당 차원에서 그를 보호하고 강변하는 것을 보면서 더불어민주당이 공산당이라는 것을 온 국민이 확인하는 계기가 되었습니다. 이것을 알고도 그 자리에 머물러 계실 수 있습니까?

사랑제일교회 이영한 전도사 2019. 12. 14. 국민대회 연설

여러분 대한민국이 어떻게 세워진 나라입니까? 대한민국은 자유민주주의로 세워진 나라입니다. 대한민국은 자유 시장경제 위에 세워진 나라입니다. 대한민국이 건국된 이래로 몇 배의 성장을 이루었냐면, 300배 성장만 이루어도 대단하다고 말하는데 이승만 대통령을 통하여서 자유 시장경제로 세운 이 나라가 3만 1천 배의 경제성장을 이룬 위대한 나라가 대한민국입니다. 대한민국은 전 세계에 없는 한미동맹을 구축한 나라입니다! 이승만 대통령의 탁월한 외교를 통해서 한미동맹을 구축할 때 그 당시 우리나라의 수출의 34배의 달러를 현찰로 받아왔습니다. 여러분 그 현찰을 통해서 대한민국이 오늘날 같이 번영을 이뤄낸 줄로 믿습니다. 세 번째, 대한민국은 기독교 입국론에 의하여 세워진 나라입니다! 대한민국이 건국될 때 아프리카보다도 못 살았습니다. 그때 이승만 대통령이, 아니 왜 우리 조선은 이렇게 거지같이 못 사는데 유럽과 미국은 기독교 문명을 받아들여서 잘살게 되었다는 것을 깨닫게 된 것입니다. 그래서 우리 조선 사람들도 예수 믿고 하나님 잘 섬기고 기독교로 교육하면 미국보다도 더 잘 사는 나라가 될 수 있다, 여러분 이러한 자부심으로 세워진 나라가 대한민국인 줄로 믿습니다. 이처럼 대한민국은 나라가 세워질 때부터 반공주의를 외치며 세워진 나라입니다. 1917년 공산주의의 물결이 전 세계를 휘덮고 있을 때, 책을 읽어보면 공산주의는 이 세상에서 가장 아름다운 사상인 것처럼 들립니다. 근데 절대 그렇지 않습니다. 공산주의가 말하는 것은 사람 위에 사람 없고 사람 밑에 사람 없다. 토지는 밭갈이하는 농민에게, 공장은 피땀 흘려 일하는 노동자들에게. 만국의 노동자여 단결하라. 우리가 얻을 것은 무계급 만민 평등의 공산화요, 우리가 잃을 것은 억압과 압제의 쇠사슬이다. 여러분 이렇게 공산주의가 일어날 때 미국도 친공

세력이었습니다. 1947년, 30년이 흐른 뒤에 트루먼 대통령이 나타나서 트루먼 독트린을 발표하고 '이제 소련은 우리의 적이며 공산주의는 우리의 적이다'라고 공산주의가 우리의 적인 것을 선포하기 30년 이 전에, 전 세계에서 최초로 반공 설교를 하며 '공산주의 하면 나라 망한다!'라고 외친 지도자가 누구냐, 이승만입니다. 여러분 이승만은 대한민국의 대통령이 아니라 전 세계에서 한 명 나올까 말까 한 세계적인 대통령입니다.

사랑제일교회 노태정 전도사 2019. 9. 19. 국민대회 연설

여러분들 대한민국 헌법과 주체사상이 양립될 수 있습니까? 양립될 수 없습니다. 조국이 말하길 사회주의와 자유민주주의가 양립될 수 있다고 거짓말하는데, 양립될 수 없습니다. 문재인은 공산주의, 주체사상을 추종하면서 대한민국이 헌법이 보장한 대통령의 자리에 올라가 있다는 것이 문제인 것입니다. 여러분 문재인이 당연히 하야해야 되지 않겠습니까, 북한이 좋으면 북한으로 가길 바랍니다. 이승만 대통령이 이 나라를 세울 때 자유 민주주의, 자유 시장경제, 한미동맹, 기독교 입국론 이 네 가지 기둥 위에 대한민국을 건설했습니다. 그런데 이승만이 대한민국을 건설하려고 와서 보니까 이미 박헌영이 남로당을 가지고 장난을 쳐놓았던 것입니다. 그래서 이승만이 그들에게 설득합니다. 공산주의는 안 됩니다. 공산주의를 버리시기 바랍니다. 여러분 감동적인 것이 무엇이냐면, 처음 이 나라 해방되었을 때 이 나라 국민 중에서 약 80프로가 공산주의 또는 사회주의를 지지하고 있었습니다. 대한민국 사람들은 해방이 되었을 때 자유가 무엇인지 몰랐습니다. 민주주의가 무엇인지 몰랐습니다. 그렇기 때문에 박헌영의 선동과 선전에 속아서 80프로 이상 되는 우리 선조들이 사회주의 또는 공산주의를 추종하고 있었던 것입니다. 여러분 이승만 대통령은 대한민국 최초의 박사입니다. 그것도 그냥 박사가 아니라, 미국 프린스턴 대학의 박사입니다. 미국 프린스턴 대학에서 박사 학위를 끝내고 이승만이 대한민국에 돌아왔을 때, 얼마나 처절했겠습니까. 이승만은 자유 민주주의로 이 나라를 세우고 싶었습니다. 하지만 사람들이 그것을 이해를 못 하니까 강연을 다니면서 사람들을 설득하기 시작했던 것입니다. 전향하라! 민주주의를 위해서 사회주의와 공산주의를 버리고 자유 민주주의로 전향하라! 이렇게 설득하기 시작했던 것입니다. 그런데 사람들이 말을 듣지 않습니다. 박헌영이 뿌려놓았던 그 공산주의의 바이러스가 많은 사람에게 침투되어 있었습니다. 어떻게 설득했느냐, '공짜로 해주겠다. 공짜로 땅 나누어주겠다. 공짜로 점심 주겠다.' 오늘날 정치인들의 말과 비슷하지 않습니까. 여러분 하늘 아래 공짜는 없습니다. 세금을 통해서 주는 것이 있을 뿐 공짜는 존재하지 않습니다. 여러분, 그 세금이 어디서 나옵니까?

우리 건실한 시민들, 대한민국 국민이 내는 세금을 가지고 장난치고 있는 것입니다. 이승만 때도 마찬가지였습니다. 그래서 전향하지 않는 그 사람들에 대해 이승만이 다음과 같이 이야기합니다. 북한으로 올라가라! 대한민국이 말하는 자유 민주주의와 자유 시장경제를 따르지 않을 사람들은, 너희들이 원하는 나라가 하나 있다. 김일성이 있는 북한으로 올라가라! 라고 말했던 것입니다. 오늘날 대한민국의 많은 종북 정치인들에게 말하고 싶습니다. 특별히 박원순이나 문재인 같은 사람들에게 다음과 같이 말하고 싶습니다. 북한으로 올라가십시오!

여의도순복음교회 이영훈 담임목사, 2020년 1월 13일 강론 중
일어나라, 빛이 이르렀고 야훼의 영광이 내 위에 임하였음이니라.

이스라엘이 절망 가운데 있을 때 저들이 바빌론에 포로로 끌려가서 모든 희망을 잃어버렸을 때에, 어떠한 삶의 의욕도, 꿈도 사라지고 자포자기하는 삶을 살고 있었을 때에 하나님께서 말씀을 주십니다. 일어나라, 우리 삶에서 가장 큰 문제가 어디 있던가. 스스로 모든 것을 포기하는 데 있다고 생각합니다.

혹시 우리가 영적인 노숙인들이 아닐까. 한번 생각해 보았는지 모르겠습니다. 복지부동이라는 말이 있습니다. 공무원들의 복지부동. 왜냐하면 그냥 60세까지 정년 보장되니까. 자리만 앉아 있으면 되는 겁니다. 새롭게 할 마음이 전혀 없어요. 우리 교회가 똑같은 모습으로 가고 있지 않나 하는 우려를 우리가 해 봐야 합니다. 그래서 일어나라는 말 속에 많은 것이 함축되어 있어요. 과거의 관습에 편함에 너무나 주저앉아 있었구나. 내가 너무나 무기력하게 주저앉아 있었구나. 일어나야 되는 거거든요. 기도를 해도 건성으로 하고. 열정을 갖고 기도해야 되는데. 그런 기도가 잘 보이지 않아요. 간절하게 앞에 나가서 마이크 붙잡고 30분 기도하는 것도 힘든가 봅니다. 뭔가 우리가 열정을 회복하지 않으면, 우리 교회의 밝은 미래가 주어지지 않는다는 것입니다. 여러분들이 압니다. 저도 알고 여러분들도 알아요. 나의 현주소를. 말로 백번 해서 되는 게 아니라 여러분 자신 스스로 깨닫고 일어나는 수밖에 없어요. 올해 우리 교회가 좀 뜨거워졌으면 좋겠어요. 전도 열정이 완전히 가라앉았어요.

우리 교회에는 엄청난 부흥이 70년대 초반에 있었습니다. 구름떼처럼 사람들이 몰려왔습니다. 옛날의 화려한 영광으로 끝내고 나면, 교회가 박물관이 되고 맙니다. 그 웅장한 교회들이 관광 명소가 되어서 기념품 파는 장소가 되었습니다. 여의도순복음교회가 그 길로 가고 있는지도 몰라요. 세계 최대 교회라는 그 이름이 우리를 타락시킨 겁니다. 왜, 열정이 사라졌으니까. 개척교회 하는 분들 보세요. 몇십 명 데리고 피땀 흘려가며 몸부림치고 있는데, 우리 그러지 못하잖아요. 올해는 위대한 축복의 해로, 기적과 부흥의 해로 바꾸어가는 주님의 은혜가 임하기를 바랍니다.

제가 어제 조선일보에 실린 김문수 전 지사가 쓴 글(주사파가 장악한 대한민국)을 읽으면서, 좀 많이 충격도 받고 도전도 받았습니다. 물론 알고 있던 내용인데, 이분이 글을 자세하게 정리해 놓았습니다. 김문수 지사의 글에 대해서 동의하지 않는 분이 혹 있을지 몰라도, 그 내용은 사실입니다. 이 분이 원래 주사파였고 학생운동 하고 선동하다가 감옥 생활 하고, 그 동료들이 지금 현 정권에서 주요 자리에 있는 거니까. 그 실상을 낱낱이 보고서 형식으로 깨알같이 적었어요. 제가 새벽에도 말씀 드렸지만 북한은 달라진 게 없습니다. 75년 줄기차게 적화통일입니다. 똘똘 뭉쳐 있습니다. 사상적으로 북한을 이길 수 없어요. 어떤 집단도 북한 집단을 못 이깁니다. 단 하나, 우리 기독교인만 이깁니다. 기독교 단체가 이렇게 사분오열 되어서 물고 뜯으면 되겠습니까.

미국이 우리 대한민국이 오늘 살아남게 한 장본인입니다. 6.25 때 개입하지 않았더라면 우리나라는 완전히 적화통일 되었습니다. 북한을 보세요. 교회가 하나도 없잖아요. 해방 전에 북한에 3,500개 교회가 있었는데, 지금 어디에 있어요. 적화되면요, 우리 여의도순복음교회는 1호 숙청대상이에요. 미국이 그때 참전해서 3만 5천 명이 피 흘리며 죽어갔습니다. 조선이 어딘지도 모르고 와서 이 땅에서 뼈를 묻은 겁니다. 그 복음의 씨앗, 또 한미동맹의 결과로 오늘날 대한민국이 있는 겁니다. 그걸 모르는 세대들이 일어나서 미국 필요 없다고, 우리끼리 하자고. 적화통일에 동의하는 것밖에 안 됩니다.

어둠이 깊어가는 세상에서 우리가 이제 진리의 빛을 발해야 합니다. 아닌 건 아닌 거예요. 진리의 빛, 복음의 빛, 생명의 빛을 발해야 합니다.

권혁부 전 KBS 이사 2019. 12. 31. 광야교회 정세 보고

여러분, 어느 때보다도 침통한 하루를 맞고 있습니다. 어제는 우리나라 사법체계 전반이 사망 선고를 받은 날입니다. 문재인 정권이 독재로 가는 마지막 수단을 완비한 날이기 때문입니다. 어제 우리가 그렇게도 투쟁했던, 걱정했던 공수처 법안이 우리의 기대와 조그만 희망을 져버리고, 그것도 예산안이나 선거법보다 더 많은 찬성표로 어제 국회에서 통과되었습니다. 이 공수처 법안에 그래도 독소조항이 여러 개가 있는데, 그것만이라도 제거되고 수정안이 통과되지 않을까 하는 실낱같은 기대도 무참히 짓밟고 지나갔습니다. 내용을 좀 보면, 고위공직자 수사는 공수처가 우선권을 가진다. 그리고 검찰과 경찰이 고위공직자의 범죄 사실을 인지하면 그 즉시 검찰에 보고해야 한다. 검경이 수사하고 있는 모든 사건은 공수처가 요구하면 다 이첩하도록 되어 있습니다. 그리고 공수처장은 공수처의 최고 책임자인데, 공수처 추천 위원회를 일곱 명으로 두고, 여기에서 추천하는 두 명을 대통령이 임명하는 것으로 되어 있습니다. 백 퍼센트 대통령이 시키고자 하는 사람이 공수처장이 됩니다. 그래서 민변이 중심이 된 변호사들이 이 공수처를 구성할 것이 분명해졌습니다. 이 공수처 법안에 아주 특이한 점은 검사가 수사한 것, 판사가 판결한 것, 그 자체도 공수처가 수사해서 처벌할 수 있는 무소불위의 법안이라는 데 심각한 문제점이 있는 것입니다. 한 마디로 문재인을 포함한 정권의 범죄를 자기네들 마음대로 은폐할 수 있는 기구라고 하면 되겠습니다. 이런 법안을 만들어 놓고 청와대가 이런 논평을 냈습니다.

'국민들이 검찰의 자의적이고 위협적인 권한 행사에 대한 견제와 균형이 필요해서 국민이 선택한 것이다.'

우리가 선택 했습니까? 자기들끼리 야합해서 만든 것 아닙니까? 박근혜, 이명박 대통령 등 수많은 전 정권의 인사들을 감옥에 투옥했을 때 그들은 검찰을 향해서 무소불위의 권한을 행사한다고 비난 한번 한 적이 있습니까? 그때 검찰에는 입 다물고 박수를 보내던 그들이 이제 검찰이 살아있는 권력을 수사하니까 공수처를 만든 것이 백일하에 다 알려진 것이죠? 그러면 공수처라는 무소불위의 수사기관, 이것은 누가 견제를 합니까. 견제 수단이 없습니다. 독재 도구로 쓰일 수 있습니다. 문재인이 수단 방법을 가리지 않고 총선에서 개헌 의석을 확보해서 독재로, 공산화로 가는 길을 열어놓은 셈입니다. 이제 단 하나 우리가 기대할 수 있는 것은 내년 7월 말이나 8월 초에 이 공수처가 출범하게 되는데, 윤석렬 검찰이 그 안에 이 범죄 집단인 청와대를 일절 소탕하는 길밖에 없다 할 것입니다. 국민이 이 정권의 독재 질주와 압제에서 벗어나려면, 모든 국민이 일어나서 분연히 저항권을 행사하는 길밖에 없습니다.

성창경 KBS 공영노조 위원장 인터뷰

민주노총 안에 연맹이 있습니다. 산업별로 언론, 금속, 금융 이렇게. 언론 노조에는 KBS, MBC, JTBC, 한겨레, 경향, 오마이 등 130여 개 정도 있고 조합원 수는 만 사천 명 됩니다. 이 노조가 민주노총의 지시대로 움직입니다. 그래서 민주노총의 방향과 언론 노조의 방향이 똑같아요. 언론노조가 제일 큰데 2,500명 정도 됩니다. 기자와 피디의 90프로 이상이 여기 다 들어있어요. 과거 보수 정권 때부터 민주노총 지시대로 박근혜 탄핵에 앞장섰고 문재인에게 유리한 것만 보도하고 불리한 것은 보도를 안 하죠. 그러니까 지난번 8월 15일 광화문 일대에서 수십만 명이 모

인 걸 단 3천 명이 모였다고 짧게 보도하고. 서초동에서 조국 지지하는 사람들이 모였을 때 다 모여도 5, 6만 명밖에 안 된 걸 200만 명 모였다고 톱뉴스로 보도를 한거에요 MBC가. KBS와 MBC 언론 노조 소속의 보도는 대부분 문재인 정권과 김정은을 칭송하고 보수를 폄하하거나 아주 나쁘게 보도합니다. 그래서 여기서 우파 단체가 아무리 모여도 보도를 안 해줍니다. 공영 노조가 나서서 알려도 그 수가 역부족입니다. 신입사원들은 원래 좌파 성향이 강한 사람들은 아니었는데, 김대중, 노무현 정권 10년 동안 KBS가 처음으로 한겨레, 경향에서 경력직 사원과 기자들을 뽑아 피를 수혈했습니다. 그 이후로 좌파들이 많이 늘어났고 새로 들어온 신입 직원들을 좌파 성향의 노조원들이 데려가서 교육 시키고 노조가 다르면 어떤 사람들은 인사도 안 하고 밥도 같이 안 먹어요. 선배보고 욕도 하고. 방송사 내부가 마치 작은 전쟁터 같아요. 왜 우리가 심각하게 바라보냐면, 다른 사업장 같으면 모르겠는데 언론은 국민에게 지대한 영향을 미치기 때문입니다. KBS는 국민들로부터 2,500원이라는 수신료를 직접 받습니다. 진보든 보수든 호남이든 영남이든 똑같이 받는데, 정권이 바뀌었다고 일방적으로 문재인과 그 일당을 위한 보도만 하고 야당이나 보수에 대해서는 부정적으로 말해요. 많은 사람이 옛날 이명박, 박근혜 때도 그러지 않았냐고 하는데 절대 그러지 않았습니다. 그때는 여당 하나 (보도)했으면 야당 하나, 이렇게 기계적으로라도 중립을 지켜 보도하려고 했었어요. 그래서 분노를 했고 알려야겠다고 생각했습니다. KBS 안에 적폐청산위원회라는 것을 만들었는데, 이름이 '진실과 미래 위원회'에요. 열다섯 명의 기자, 피디 등 언론 노조 출신 후배들로 조성되어서 과거 정권 때, 5년 전, 10년 전에 일했던 사람들을 불러 조사해서 '당시에 왜 이런 보도를 했냐'고 추궁합니다. 불려가서 징계를 받거나, 안 가도 처벌받고 조사받은 내용을 외부에 알려도 처벌받아요. 그래서 공포 위원회입니다. MBC의 적폐청산위원회 이름은 'MBC 정상화위원회'에요. 그렇게 해서 실제로 열여섯 명이 해고됐습니다. KBS는 내가 법원 소송을 해서 이겼기 때문에 한 명도 해고가 안 되었습니다. 직원들이 우리보고 다윗이라고 그래요. 가장 수가 적은데도 골리앗이랑 싸워 이겼다고. 연합뉴스 내부의 적폐 청산 위원회는 후배가 선배 불러서 조사하고, 회유하고, 정직시키고, 해고하는 이런 일이 많아서 외부 사람들은 잘 모르지만 안은 공포 분위기입니다. 그래서 정권에 유리한 방송을 해도 내부적으로는 이의를 제기하지 않습니다. 이걸 막을 브레이크는 이제 국민들 밖에 없습니다.

박시연 자유한국당 중랑 갑 당협위원장, 2019. 9. 9 청와대 분수대 앞 연설

조국은 사회주의자임을 본인이 선포했습니다. 그리고 전향하지 않았습니다. 한 개인이 전향하지 않는 것은 아무 문제도 안 됩니다. 그런데 법무부장관이 전향하지 않으면 큰일납니다. 대한민국의 법질서가 모두 무너지는 것이기 때문입니다. 그렇지 않습니까! 조국은 자유민주주의자인지 사회주의자인지의 질문에 대답해야 하는 것입니다.

우리는 동지들이 필요합니다. 대한민국의 의의와 대의 명분을 중요시하는 학생들이 들고 일어나야 합니다. 대한 민국의 미래를 젊어질 청년들이 들고 일어나야 합니다. 정 상적인 판단을 하고 이를 알리는 기자들이 들고 일어나야 합니다. 그리고 정상적인 판단을 하면서 정의로운 칼을 휘 두르며 대한민국을 수호하는 검찰들이 들고 일어나야 합 니다.

국민 모두가 일어섭시다. 그래서 저는 오늘 선포합니다. 문재인과 좌파들이 주장하는 혁명은 조국과 함께 실패했 다! 혁명이라는 이름으로 국민을 속인 대한민국 파괴 전력 은 조국과 함께 실패했다!

박종운, 박종운의 자유시민TV 2020년 1월 21일 방송 중

대한민국 최대의 교회라고 할 수 있는 여의도 순복음교 회의 이영훈 목사가 김문수 지사의 '주사파가 집권한 대한 민국'이라는 글을 보고 반성의 강의를 한 것이 화제가 되 고 있다.

그리스도교가 그리스도교를 반대하는 주사파에 점령당 하고 있는 현실에서 전광훈 목사 등만이 적화대 앞 광야교회에서 외롭게 투쟁하고 있고, 매주 토요일 일요일 광화문에서 항거를 하고 있는 현실에서, 이영훈 목사의 이런 회개는 큰 흐름의 변화를 예고하고 있다. 반문재인 반주사파운동이 또 한 고지 위에 올라선 것이기 때문이다.

사실 주사파는 자신을 커밍아웃하지 않는 것이 특징이다. 과거에는 물론 잡히고 증거가 뻔히 있어도 "용공조작"이란 말로 자신을 감추었다. 이제는 소수 김정은 환영단을 제외하고는 처참한 민생과 무자비한 인권침해, 3대 세습독재라는 북한의 실상을 대놓고 옹호하기가 부끄러워서 자신을 주사파라고 커밍아웃하지 못한다. 임종석도, 박원순도, 문재인도 자신이 주사파임을 드러내지 않는다. 물론 주사파로 공인되었던 임종석처럼 자신이 주사파가 아님을 부정하지도 않는다.

이렇게 주사파는 어둠의 세력들이다. 과거에는 혁명운동이란 명분을 가지고, 지금은 주체사상 사람중심 북한이 농성경제 김일성중심 북한이라는 점이 다 드러나서 부끄러울 수밖에 없기 때문이다. 부끄러워하는 주사파는 대놓고 김일성을 옹호하기 어려우니, 이승만의 자유민주주의 대한민국 건국에 반대했던 김구를 전면에 내세우고, 임시정부 수립일을 대한민국 건국일로 하자는 등, 애매한 반反

대한민국 노선을 견지했다. 그러나 그런 애매한 노선이 주사파라는 씨앗파(혈통중심)의 3대세습독재 김정은의 승인을 받을 수는 없었다. 왜냐하면 김구를 전면에 내세우면 일제를 피해 소련 하바로프스크에서 편안히 지내다가 미국의 히로시마 나가사키 원폭 투하 후 소련군 장교로서 소련군의 꼭두각시로서 반일지도자인 것처럼 화려하게 등장했던 김성주(김일성)가 묻히기 때문이다. 또 임시정부 수립 100주년을 대한민국 건국일로 삼으면 북한(조선민주주의인민공화국)은 당연 반란 정권이 되기 때문이다.

그래서 문재인은 호기롭게 임시정부 수립 100주년 기념식을 하려고 했었지만, 북한이 질책하자 갑자기 송구스러웠는지 꼬리를 접고, 스스로도 미국방문을 핑계로 임시정부 100주년 행사에 참가하지 않았다. 이처럼 문재인 주사파 일당의 애매한 역사 뒤집기 시도는 북한의 교시로 인해 좌초되었다. 그렇다고 부끄러워하는 주사파가 조작된 북한 혁명역사를 대놓고 가르칠 수는 없었다. 이는 부끄러워하는 주사파의 사실상의 정신적 파탄을 의미한다. 아이러니하게도 오히려 문재인 집권이 부끄러워하는 주사파의 파탄을 가져왔다.

그렇지만 쓰라린 현실은 김문수 전 경기도지사의 일갈

대로 부끄러워하는 주사파가 지금 대한민국을 장악하고 있다는 것이다. 그람시의 혁명이론대로 주사파는 진지전에서 주요 진지들을 장악하는데 성공하였다. 무엇보다 청와대를 적화대로 만드는 것을 필두로, 국회, 검찰, 사법부, 언론, 그리고 노조를 장악하였다. 아직 온전히 장악하지 못한 곳이 있다면 그것은 교회, 금융기관, 기업들일 것이다. 특히 언론은 선전선동매체화하였다. 불미스러운 일이 일어나면 더불어민주당의 경우 당적을 밝히지 않지만, 자유한국당의 경우 당적을 밝혀서 서서히 부정적인 이미지를 갖게 한다. 후자와 관련된 사건의 경우 침소봉대도 서슴지 않는다. 비중에 대한 가늠도 없고 형평도 없다. KBS는 최근 야당심판이라는 희한한 논리의 여론조사 조작도 행하였다. 문재인 민주당이 장악한 선관위조차도 참을 수 없어 경고를 낼 정도의 여론조작 조사였다. 단지 유투브만이 숨통인데, 그 유투브도 (과거 군사독재시절처럼) 노란딱지로 광고탄압을 한다. 이것은 언론노조 때문이다. 서로 경쟁하는 회사들을 오히려 하나의 회사인 양 몰고가는 것은 좌익 언론노련이 각 언론사들을 장악한 것 때문이다. 물론 언론사들도 사양길에 접어들고 개인언론사인 유투브에 밀리고 있어서 그 효과가 과거 같지 않지만, 좌익 언론노련은 아직도 잔영을 붙잡고 함께 사라져가고 있다.

부끄러워하는 주사파는 겉보기에는 강고한 것 같지만, 커밍아웃하지 못하고 있는 주사파 주위에 몰려 있는 많은 지지자들은 언제든지 떠날 용의가 있다. 문재인이 주도하는 조국사건, 유재수 감찰무마사건, 송철호 관권부정선거 사건, 추미애의 수사검찰 해체사건 등에 환멸을 느끼고 떠나고 있다. 이러한 시기에 자유시장봉사경제의 이념, 자유민주주의의 이념의 긍정성으로 부끄러워하는 주사파로부터 떠날 명분을 찾고 있는 사람들을 흡인하여야 한다. 그들을 자유의 이념으로 재교육시켜야 한다. 그들을 반자유 세력, 반정의 세력에 대한 투사로 나서도록 해야 한다. 속았던 사실을 안 사람이 가장 투쟁적일 수밖에 없다. 김경률, 진중권이 그랬듯이…

이번 4.15총선은 이중의 의미에서 선거혁명이 되어야 한다.

첫째는 자유우파가 다수가 되어 문재인 좌파정권의 장기집권 야욕을 저지할 수 있도록 교두보를 확보하는 것이 되어야 한다.

두 번째는 자유우파가 선거승리에 안주하지 말고 부끄러워하는 주사파를 청소하고 대한민국을 다시 위대하게 만드는 운동에 모두가 나서는 계기로 삼아야 한다.

그러기 위해서는 자유민주주의 정당이라면 항상 (모택동의 말을 빌면) 홍과 전이 함께 해야 한다. 지금의 자유민주주의 수호 투쟁의 최전선에는 김문수가 있고, 전광훈 목사가 있다. 각계각층 전문가 그룹들은 자유한국당의 당 내외에 많이 있다. 이번 4.15총선에서 자유한국당이 반문재인 투쟁의 선두에 서있는 투사들과의 연결을 끊고 스윙보터에 아부하는 이미지를 구하려 한다면, 그것은 자유한국당이 이번 총선거에서 왜 승리해야 하는지를 모르고 행동하는 것과 같다. 선거승리의 의미가 사라지는 것이나 다름없다. 여태까지 실패와 분열만 거듭해왔던 것처럼 이미지만 기에는 베네수엘라로 가는 대한민국의 현실이 너무나 엄중하다.

송영선 전 국회의원 두시앤 김문수 방송

피를 흘릴 각오로 나서야 합니다. 세상에서 가장 큰 혁명이 예수가 십자가에 못 박힌 혁명이에요. 혁명이란 가치를 바꾸고 질서를 바꾸는 것인데. 그다음 세대에 수혜자에게 어마어마한 숭고한 결실을 갖다 주고 미래 지향적인 번영을 갖다 주는 게 혁명이에요. 4.19 5.16 그 자체가 다

소 논란의 여지가 있음에도 불구하고 그 덕택에 먹고 살게 된 것과 같이, 촛불혁명하고 난 뒤에 미래 지향적이고 더 잘 살고 사회가 깨끗해지고 순화하고 공평해지는 게 아니라 이건 뭐 70년대로 후퇴해서 세계에서 가장 못 살고 정치 체계도 가장 엉망인 김정은 수석 대변인 소리를 들으면서도 북한에 비비고 들어가는 체제로 되어 가는데, 이것은 혁명이 아니죠. 보수가 해야 하는 혁명은 미래 지향적인 혁명이다. 그게 뭐냐, 헌법에서 명시된 자유 시장경제, 자유 민주주의 체제를 지키자는 그 가치 하나를 향해서 목숨을 거는 용기로 달려가는 것입니다.

백승재 변호사 광야교회 인터뷰 2019. 11. 26.

제가 여섯 시 경 이곳 광야교회 왔을 때, 그때는 백여 명밖에 안 되었어요. 경찰 기동대가 30여 대 되는 버스들로 이곳을 둘러싸고 강제해산을 요구하고 있었습니다. 유튜버들이 그 경고를 많은 분께 알렸더니 전국에서 사람들이 왔습니다. 결국은 경찰들이 물러났습니다. 경찰 스스로도 굉장히 깜짝 놀랐을 겁니다. 자신들이 폭력이라든지 협박을 통해서 국민들을 누를 수 있다고 생각했고, 황교안 대표가 있는 텐트를 철거하고 황 대표를 병원으로 보내면 대한민국 애국 세력의 동력을 끊어 버릴 수 있을 것으로 생각했나 봅니다. 완전히 오산이었습니다. 오히려 국민들의 분노를 들끓게 했습니다. 지금 애국 시민들이 곤히 주무시는 저 텐트를 걷어간다면, 우리나라에 있는 1,200만 기독교인들, 그뿐만 아니라 이에 대해 분노하는 국민들이 국내뿐 아니라 전 세계에서도 좌시하지 않을 겁니다. 강제해산 같은 무리수를 만약에 둔다면, 결국 좌파들은 항상 스스로 자충수를 둬서 무너지는데, 몰락의 서막이 아니라 엘리베이터를 타고 지옥 끝까지 떨어질 것을 확신하고 장담합니다. 지금 많은 국민들이 걱정하는데도 불구하고 언론이 완전히 장악되어서 이게 어떤 문제가 있고 향후 어떤 문제들이 국민들에게 발생할 것인지에 대해 아무도 분석하는 사람이 없습니다. 그러니까 국민들이 잘 모르고 남의 일인 줄로만 아는 겁니다. 홍콩에서 벌어지는 일에 대해서도 사람들은 왜 우리는 가만히 있지, 왜 우리 정부는 찬성을 안하지 그 정도 수준으로만 인식하는 분들이 많아요. 홍콩에서는 많은 사람이 죽어도 나가지만 실종이 많이 됩니다. 이미 중국에서 무력진압을 위한 군대가 동원된 상태입니다. 중국은 인권탄압, 통제, 검열의 나라이고 누가 언제 어디서 실종된다고 해도 아무도 신경 쓰지 않는 나라입니다.

그런 나라가 우리도 될 수 있습니다. 왜냐하면 전체주의에 대해 침묵하는 것의 끝은 '다음은 내 차례'라는 것이기 때문입니다. 침묵은 결국 방관자들의 묘비명이 됩니다. 더는 침묵하지 마시고 방관자 역할도 하지 마시고 행동해주시면 감사하겠습니다. 대한민국 청년들, 이해찬이 얘기했었던 것 같이 5년, 10년, 20년 이렇게 장기집권하면 지금 하는 수많은 짓거리에 대한 최종적인 부담과 부채는 지금 젊은 청년들이 지게 될 것입니다. 젊은 청년들 너무너무 안타까운데 이것이 기성세대만의 문제가 아니라 10년 후면 닥칠 '나의 문제'라는 것을 인식해주셨으면 좋겠습니다. AI 시대가 곧 도래하면 많은 일자리가 사라지고 많은 산업이 재편되며 정치, 경제, 사회 모든 것이 바뀔 겁니다. 지금 문재인 정부, 대한민국을 반으로 갈라놓고 AI 시대에 무엇을 준비하고 있습니까, 오히려 그때를 대비해야 할 우리나라의 재정을 복지 포퓰리즘으로 고갈시키고 있지 않습니까. 바로 몇 년 안 남았습니다. 여러분들의 문제입니다. 이 정부가 추진하고 있는 것들 모두 거짓이고 위선이고 잘못된 길을 가고 있습니다. 세월호 때 침몰하는 배 안에서 선장이 여기가 안전하다고 해서 몽땅 빠져 죽지 않았습니까. 세월호 안에서 가만히 있으면 죽는다는 걸 안 학생들은 살

앉지 않습니까. 지금이라도 나와서 다른 친구들이 자칫하면 침몰할 수 있는 배에 남아있지 않도록 경고하고 손잡아주고 바로잡을 수 있도록 도와줄 수 있기를 바랍니다.

응천스님 2019. 10. 25. 국민대회 연설

찬 서리가 내리고 겨울이 오는 이 차가운 야밤에 왜 이렇게 길거리에 앉아 계십니까. 우리 서로가 10월 3일, 10월 9일, 10월 25일 오늘, 이 자리에 수백만 수천만 국민이 밤잠을 설치며 왜 있을까요. 그렇습니다. 우리는 모두 대한민국 자유 민주주의의 수호를 위해 수호대 동지로서 모두 이 자리에 모였습니다! 현재 저 푸른 기와집 청와대 속은 새빨갛게 물들어 나라의 기둥이 통째로 기울어지고 있습니다. 우리는 무너져가는 대한민국 자유 민주주의의 기둥을 지키려 오늘도 이 밤을 지새우고 있는 것입니다. 자유 민주주의 대한민국은 누가 통치해야 합니까. 대한민국 헌법에 보장된 자유 민주주의의 자유 시장경제 체제를 사랑하고 부흥시키려는 사람이 통치해야 합니다. 그렇지 않습니까 여러분! 헌법을 해체하고 국가보안법을 해체하고 대한민국 국방을 해산하는 주사파 공산 사상의 몽상가들에게 나라의 운명을 더 맡길 수 없는 상황이 되었습니다. 나라 사랑은 불교도 기독교도 천주교도 따로따로가 없습니다. 그리고 자유민주주의의 자유 시장 경제 체제는 21세기를 사는 모든 인류가 지향하고 추구하여 나라마다 국경을 자유롭게 교역하고 있습니다. 그런데 어떻습니까. 지난 1980년도 중반에 인류사에서 멸종된 공산주의자 소위 주사파들이 대한민국을 망치고 있습니다. 이유야 어쨌든 더 이상 두고 볼 수 없는 지경입니다. 이런 나라의 국란에도 존경하는 전광훈 목사님께서 이 나라의 국운을 먼저 아시고 앞장서 주시니 얼마나 감사하고 고마운 일입니까! 한기총 대표 전광훈 목사님에게 힘내시라고 큰 박수를 보내주시기 바랍니다. 대한민국 국민이시여, 애국 동지 여러분 우리 모두 함께 외칩시다. 종북 주사파들은 들어라! 첫째, 대한민국 자유민주주의의 시장경제 체제가 싫으면 너희들이 좋아하는 북한으로 가거라! 둘째, 대한민국 자유민주주의 국가 발전을 위해서는 이 땅의 종북 주사파는 필요 없다! 셋째, 대통령이 국가방위 전선을 해체하면 무슨 대통령인가, 당장 국민 앞에 사죄하고 물러나라! 넷째, 공산주의자 종북 세력 전교조 선생에게는 더 이상 우리의 아들 딸을 맡길 수 없다. 즉시 전교조는 해체하라! 반 대한민국 세력은 북한으로 가라!

구지스님 2019. 10. 25. 광야교회 연설

　애국 동지 여러분, 힘내십시오. 어떻게 만든 대한민국입니까. 대한민국은 쓰러지지 않습니다. 건국 70년 이래 이렇게 도탄에 빠진 적이 있습니까. 그러나 제2의 한강의 기적이 아니라, 압록강의 기적이 일어나기 위해서 대한민국 5천만 국민이 몸살을 앓고 있는 것입니다.

이계성 대한민국 수호 천주교연합회 회장 2019. 10. 05. 광야교회 연설

여기 천주교 신자 많으실 텐데, 아마 요새 분통 터진 천주교 신자가 많으실 겁니다. 5,600명의 신부 중에 약 10프로는 간첩들이고 그들에 의해 나머지 신부님들이 무서워서 입을 다물고 있습니다. 그런데 제가 요새 희망을 봤습니다. 식사 자리에서 젊은 신부 하나가 조용한 곳에 가서 저에게 큰절하고 대표님 고맙습니다, 빨간 신부들에 반대 의사를 표하는 신부들이 많으니 대표님은 마음 놓고 투쟁하시라 이런 말씀을 해주었습니다. 오늘 비가 오는데 여러분 정말 감사합니다. 오늘 여러분들께서 이곳에서 10월 3일 이후 45박 46일 동안 비와 낙엽과 비바람을 맞으면서 나라를 위해서 기도해주시고 늘 예배해주신 데 대해서 감사를 드립니다.

전에녹(전광훈 목사 아들) 2020. 1. 12. 이승만광장 일요예배 토크

전에녹) 미국에서도 10월 3일 집회를 모두 유튜브로 챙겨봤었는데, 한국에 있을 때보다 타지에 있으니까 확실히 애국심이 더 생기는 것 같았습니다. 그래서 매주 집회에 나와 주시고 나라 위해서 수고해주시는 분들을 정말 존경하고 감사드리고, 미국에서 이 자리에 같이 못 했던 게 아쉬워서 새벽 내내 유튜브로 봤었습니다. 부디 끝까지 힘내셔서 총선 이겨주시고 미국에서 계속 응원하겠습니다. 감사합니다.

전광훈) 나는 얘가 우는 걸 처음 봤어요, 태어나서. 아이고 감사하네, 우리 아들이.

김문수) 목사님 저도 눈물이 많이 나고요, 저는 성령은 잘 모르지마는, 가족들끼리 자식과 아버지 사이, 부부 사이는 그 어떤 세상의 인간관계보다 더 눈물이 많이 날 수밖에 없는 그런 관계라고 생각합니다. 하나님께서 우리를 사랑하시는 것도, 하나님께서 지금 모여 있는 우리를 보면서도 얼마나 우실까. 정말 우리가 이 추위에 떨고 있는 것을 보면서 하나님께서 우리를 얼마나 사랑하시고 얼마나 걱정하면서 우실까. 저는 하나님의 눈물을 봅니다. 이 대한민국 정말 위대하게 만드신 이승만 대통령, 박정희 대통령, 그 훌륭한 분들을 우리 젊은이들이 모르도록 하는 그 전교조 선생들 그리고 그 선생들이 무엇을 가르치는지도 모르고

바쁘다는 핑계로 그냥 살아온 우리 아빠들. 정말 우리가 부족한 점도 많았습니다마는, 저는 우리 아빠들이 정말 위대했다고 생각합니다. 이 대한민국을 세우고 이렇게까지 세계의 기적으로 하나님께서 가장 사랑하시는 나라로 만드셨는데, 우리가 지키지 못하고 이렇게 되는 이 나라. 이 가운데 모두가 절망하고 있을 때 우리 전광훈 목사님, 정말 목숨을 바쳐서 감옥 갈 각오로, 청와대 앞에서 가장 먼저 싸우시고 끝까지 싸우시는 우리 목사님과 그리고 우리 사모님, 에녹이 가정이 늘 행복하길 바라고, 지금 청와대에서 철야하시고 쫓겨나셔서 세종로 공원에서 밤을 새우시

는 많은 분께 하나님의 크신 사랑과 축복이 올해 내내 함께하실 것으로 저는 믿습니다.

최창근 김문수 TV 총괄PD

서울시장 선거 전, 박근혜 대통령 탄핵 시점인 초겨울부터 새누리당 비상대책위원으로 지사님을 근거리에서 모셨습니다. 탄핵의 광풍 속에서 많은 이들이 지사님을 떠나갈 때 묵묵히 곁을 지켰습니다. 대한민국에는 지금껏 스카이 출신 법조인, 판사, 고위 공직자들만이 정치를 해왔는데 탄핵사태를 보며 정치란 오히려 '신의를 지키는 것'이라는 사실을 배웠습니다. 지사님은 박근혜 대통령의 무죄를 일관되게 주장하셨습니다. 그때 캠프 내에서도 의견이 엇갈렸고, 언론에서는 대통령에 대해 거짓선전으로 여론을 한창 몰아가는 중이었습니다. 도가 넘는 갖가지 억측 속에서도 저는 박 대통령이 무고하다고 믿었지만, 머지않아 혐의가 없다는 사실이 드러났는데도 사람들은 믿지 않았습니다. 진실이 선동에 의해 부정되고 왜곡되는 세상이 되어 있었습니다.

서울시장 선거가 끝나고 6월 지방선거 때 고향 경주에 내려가서 부모님의 포도 농사를 도왔습니다. 지사님 고향이 경북 영천이고, 그 옆 동네가 경주인데 아직 유교적인 전통이 남아있는 곳입니다. 그래서 저는 세대는 다르지만, 지사님과 함께 나누는 공감대가 있었습니다. 청년의 사명 감으로 잘못되어가는 것을 바로잡고 싶은 마음을 항상 마음 한 쪽에 간직하고 있었습니다.

대한민국을 바꾸고자 하는 청년들이 의기투합하여 청년 우파단체 전대협을 만들었습니다. 우파활동을 하면서 지향했던 것은 우파 단체 간의 '느슨한 연대'였습니다. 젊은 세대가 세력을 만들어나가는 것이 대한민국을 올바르게 만드는 데 분명 도움이 될 것이라는 믿음 때문이었습니다. 하지만 우파 활동을 하면서 희생 없이 조명 받으려고만 하는 청년들을 수없이 보았고, 제가 바랐던 느슨한 연대는 오래 못가 사라지거나 광장에서의 외침은 단발적인 이벤트로 그치는 경우가 다반사였습니다.

전대협 활동 중 지사님의 김문수 TV가 구독자 28만에서 폭파되는 불운을 겪었습니다. 지사님이 저를 찾으시기에 다시 지사님을 돕기 위해 김문수 TV에 합류해 청와대 앞 투쟁대열에 합류했습니다. 그리고 처음 효자동에 오기 위해 차명진 의원이 지사님을 설득할 수 있도록, 확신을 갖고 밀어붙였습니다. '50여일 정도 투쟁하면 조국은 물러날

것이다', 모두가 반신반의했을 때도 저는 이렇게 생각했습니다. 결국 조국은 우리가 투쟁한 지 50일째 되는 날에 사퇴했습니다.

김문수 TV 텐트 근처에 이석기 텐트가 있었습니다. 이석기 누나가 '주변이 너무 시끄럽다'며 한기총과 부딪히고 언쟁이 잦은 것을 보았습니다. 이석기 누나가 언성을 높이던 중 지사님에게 '변절자'라고 하기에, '옳은 것으로 돌아선 게 어째서 변절이냐. 당신들은 북한 가야 하는 것 아니냐. 자유민주주의가 아니라 사회주의, 공산주의를 옹호하는 당신들이 오히려 대한민국의 변절자 아니냐'고 되물었습니다.

어느 날엔 청와대 분수대 앞에서 한기총과 범국민투쟁본부 측이 기자회견을 하는 도중 분수대 광장에서 좌파들이 야유를 퍼부으며 '월성 원전 폐지하라'는 피켓을 들고 있었습니다. 찾아가서 '경주 분이시냐' 정중히 물었는데 경주에 사는 사람은 하나도 없었습니다. 정작 월성 원전 지역 주민들은 원전을 반대하지 않고 있는데, 왜 외부인들이 월성원전에 대해 감 놔라 배 놔라 하느냐고 소리 높여 항의했습니다.

크고 작은 소동 속에서도 김문수 텐트가 효자동에 자리

잡은 8월부터 12월까지 하루도 쉬지 않고 현장을 지켰습니다. 매일 새벽 여섯 시, 그리고 늦은 밤 열 시 인터뷰는 김문수 TV가 처음 시작한 독보적인 기획이었습니다. 아무 잘못 없는 애국시민 분들이 왜 여기에 나와 고생해야 하는지 속상했습니다. 자식 세대들이 부모님보다 더 못사는 세대가 되지 않게 해달라고, 나라가 공산화되지 않게 해달라고 절규하는 그분들의 기도를 귀 기울여 들었습니다.

이준수 김문수TV PD

여기 계신 어르신들은 공산당, 그리고 북한이 얼마나 무서운지 아시기 때문에. 정말 많이 고생하셨기 때문에, 자식들에게 똑같은 경험을 물려주기 싫으시니까, 이렇게 길거리로 나오시는 겁니다. 북한이 그렇게 좋으시면 북한으로 가시면 됩니다. 북한에 대한 환상을 갖는 사람들이 너무 많은데, 사회주의가 왜 망했나. 소련이 왜 해체가 되었나. 거짓된 희망밖에 주지 않기 때문입니다. 나는 여덟 시간 일하고, 저 사람은 두 시간만 일하는데 받는 건 똑같다? 국가가 필요한 일자리를 국가가 정해서 보내준다? 나는 미술을 하고 싶은데 국가에서는 공장으로 가라는, 이런 나라에서 살고 싶은 것인가? 북한은 거주의 자유가 없습니다.

나는 서울로 가고 싶은데, 부산으로 가랍니다. 그리고 여행도 못 갑니다. 그런 나라에서 누가 살고 싶겠습니까. 자유가 없는 나라가 얼마나 무서운 건지를 사람들이 모르는 것 같습니다. 그곳에서는 자아실현도 없고, 개인은 그냥 나라를 위해 존재하는 소모품, 그 이상도 이하도 아닙니다.

사랑제일교회 이영한 전도사, 너알아TV 총괄PD

열여섯 살 때부터 사랑 제일교회에 다녔어요. 처음에는 친구 따라 볼 차러 주일마다 왔다 갔다 하다가 어느 날부터 목사님이 하시는 성경 말씀이, 그 의미가 들리기 시작했습니다. 창세기에 아브라함이라는 사람에 관한 이야기였는데, 하나님이 사람을 찾아올 때는 인사법이 독특하다는 거예요. 우리가 보통 인사하는 '안녕하셨습니까'가 간밤의 상태를 물어본다면, 하나님이 찾아올 때 그 처음 인사는 '네가 지금은 이러하지만 내가 너를 이렇게 만들어갈 것이다.'라는 거래요. 순간 목사님이 아브라함의 목소리 톤으로 '아브라함아' 이렇게 부르시는데, 그전까지는 설교도 잘 안 들리고 딴 짓만 했었다면, 그 순간에는 꼭 저를 부르시는 것 같았어요. 놀라서 눈이 목사님하고 딱 마주쳤는데, 그때부터 소리가 아니라 의미가, 메시지가 들리기 시작했어요. 청년들끼리 모이면 맨 처음 기도가 항상, '하나님 이 나라와 이 민족을 불쌍히 여기소서'였어요. 처음에는 별로 피부로 와 닿지 않았는데, 그렇게 교회를 1,2년 다니다 보니까 60억 인구 중에 대한민국이라는 땅덩어리에 하나님이 나를 택해서 서울시 성북구 장위동이라는 곳에 보내셨는데, 그 장위동에 사랑제일교회라는 곳을 세워서 내가 그곳으로 가고 있는 이 모든 것이 하나님의 은혜라는 생각이 들더라고요. 대한민국 땅에 태어난 것은 참으로 축복이구나, 지도상에서 10센치 이상만 올라가면 지상 지옥인데 나는 천국에서 태어났구나, 이런 생각이 들면서 어느 때부터는 나라를 위해 기도하면 눈물이 났어요. 그러다 보니까 애국심이란 게 생겼어요. 그때까지는 아스팔트로 안 나오다가 십년 전쯤 목사님이 6.6 대회를 하면서 저도 처음 거리로 나왔어요. 고등학생 무렵이었는데 목사님이 청교도 영성 수련원이란 걸 운영하면서 가시는 집회마다 청색 NPST 티셔츠를 나눠주셨어요. 어느 날 한날한시에 모이라고 하면 시청 앞으로 집합하라고. 그런데 6월 6일에 사람들이 파란 티를 모두 입고 나온 거예요. 중간에 퍼포먼스가 소름이 돋았어요. 대형 성조기랑 태극기가 파란색 옷을 입은 국민들을 덮으면서 위로 지나가는데, 진짜 멋있었어요. 보면서 너무 놀라웠어요. 하루 전날부터 나는 그곳에서 스텝으로 계속 뭔가를 하고 있었는데, 나의 땀과 희생, 그리고 노력 이런 것들을 투자하다 보니 관심도 가고 좋았던 거예요. 이렇게 큰 집회의 한 구석에서 내가 뭔가를 하고 있구나, 라는 생각에 어린 나이에 굉장히 뿌듯했어요. 그때부터 목사님의 구국 애국 운동이 시작되었던 것 같아요.

너알아TV 김준형 PD

열다섯 살 때부터 이영한 전도사님 따라서 사랑제일교회를 다니기 시작했어요. 힘든 싸움이다 보니까 저희는 8월까지만 하는 것으로 알고 있었는데 10월 3일에 뜻밖에 터진 거예요. 10월 3일 그날 현장을 보면서 '미쳤다. 역사상 이런 일은 없었다' 이런 말밖에 안 나왔어요. '사람들이 이렇게 많이 열광한다고?' 저희가 방송에서 준비했던 것들이 현실로 나타나니까 오히려 무섭기까지 하더라고요.

사랑제일교회 장용준 찬양단원, 2020. 1. 17. 띵장TV 방송

처음에 찬양 사역을 할 거라는 확신이 든 계기가 뭐였냐면 주님께서 이미지를 보여주셨는데 정말 큰 교회에서 제가 앞에서 찬양 인도를 하고 있고 성령의 안개가 깔려있

고 그분들이 전부 다 두 손을 들고 은혜를 들고 있는 걸 봤어요.

저는 원래 서미영 사모님(전광훈 목사 사모님)을 피해 다니던 계기가 있었어요. 사랑제일교회에서 집회를 하는 도중이었는데 주님께서 기도 중에 한 장면을 보여주셨어요. 그때 주님께서 확신을 주셨었죠. '용준아, 너는 찬양사역자의 길을 걸을 것이다.' 반주하고 계신 사모님께 가서 '안녕하세요 사모님, 저는 기도 도중에 이런 응답을 받아서 들었는데 혹시 지금 제가 마이크를 잡고 찬양 인도를 해도 되겠습니까.' 문자로 적어서 물으니, 사모님이 손을 세차게 내저으셨어요. 근심이 되어 나가려는데, 이영한 전도사님이 갑자기 내려오시더니 '용준아 잠깐만 와봐, 사모님께 어떤 이야기를 한 거야?' 물으셔서 자초지종을 말씀드렸어요. '그 은혜를 정말 주님이 주신 건지 아닌지는 몰라. 하지만 지금 네가 한 행동은 옳지 않은 거야. 네가 기억하고 잊지는 말고 지금 행동에 대해서는 조심할 필요가 있어.' 라고 알려주셨어요. 상처가 된 거에요. 교회에서 사모님 얼굴 어떻게 볼까 하다가 매 예배 시간마다 사모님을 만나면 자연스럽게 피해 다녔어요. 안 보이는 곳으로. 그러다가 이제 헌신예배 때 제가 찬양 인도를 하게 되었어요. 찬양 인도를 마무리하려는 도중에 전화가 왔어요. 사모님이 부르신다고 해서 도망갈까 하다가도 떨리는 마음으로 연습실로 갔어요. 사모님께 죄송해서 얼굴도 못 쳐다보고 있는데, 사모님께서 하시는 말씀이 '네가 이 찬양을 인도하는데 내가 은혜를 받았다. 너 나랑 같이 찬양단 하자.' 그러시는 거예요. 그때 제가 열여덟 살이었어요. 정말 그 이야기를 들었는데 속에서는 말로 표현할 수 없는 벅참이 올라오고 폭죽이 터지는데 너무 무서웠어요.

그런데 그 이후에 목사님께서 8주 동안 잠실동교회에서 연속 부흥회를 하신 적이 있어요. 그 첫 시간에 사모님께서 '용준아, 너 이번에 인도해' 하셨어요, 사모님이 '너를 시켜야 될 것 같애'하면서 곡을 주셨어요. 찬양할 때 회중을 못 보겠는 거예요. '하늘의 문을 여소서…' 1절을 부르고 후렴을 부르고 눈을 딱 떴는데 그곳에 계신 분들이 은혜를 받으신 거예요. 그러다가 한두 명씩 은혜가 퍼지더니 일어나신 분들도 굉장히 많았어요. 그때 맨 처음 주님께서 보여주셨던 그 이미지가 생각이 났어요. 똑같았어요. 그 성령의 안개가 퍼져 나가는데, 그 안개가 닿는 사람들마다 두 손을 들더라고요. 하나님 은혜로 작고 작은 제가 이 자리 가운데 쓰임 받게 되었는지 감사할 뿐이에요. 많은 분의 응원이 없었더라면 의기소침했을 거고 하나님 은혜가 끊겼더라면 저는 이 자리에서 버티지 못했을 거예요.

전대협 의장 김광수, 2019. 10. 3 국민대회 연설

10월 3일 광화문광장은 이승만 광장이 되었습니다. 이승만 대통령은 잃어버린 나라, 무너져가는 나라를 되찾기 위해 미국으로 날아갔습니다. 1910년 프린스턴 박사 학위를 받았습니다. 우리나라가 국권을 상실한 경술국치가 있는 해였습니다. 이승만 대통령은 속상한 마음이 있지만, 원통한 마음이 있지만, 국민들 앞에서 속 시원하게 말했습니다.

왕이 없어졌다, 양반이 없어졌다, 상투가 없어졌다! 여러분 나라가 위태롭고 주사파가 청와대를 차지하고 있지만, 주사파 정권의 실체가 드러나고 있습니다. 국민들이 모여서 목소리를 내고 있습니다. 함께 모인 여러분 청와대로 행진합시다. 전대협이 앞장서 청와대로 돌격하겠습니다!

백한 가지 사연을 담은 새벽 인터뷰

최창근PD) 한 마디 여쭤도 되겠습니까. 연세가 있으신 데도 불구하고 철야 기도를 하셨는데 힘드시진 않으셨는지. 제가 지켜보니까 계속 부동자세로 여기서 기도를 하고 계시는데, 젊은 사람이라고 해도 힘들 건데.

저는 괜찮아요. 금요일에 와서 주일을 보내고 집에 못 갔거든요. 물이 안 나오는 상태기 때문에 거의 씻을 수 없었고 양치만 하고. 오늘은 집에 가서 옷을 갈아입고 다시 준비해서 오려고 했는데 비가 오는 바람에. 집에 또 가서는 안 될 것 같아요. 새 힘을 주님이 제게 주셔서 지금 괜찮습니다. 아픈 데는 없고요. 너무 세상 사람들이 몰라 줘서 그게 좀 안타까워요.

최창근PD) 그게 좀 슬픕니다.

슬퍼요. 슬퍼요. 너무 몰라줘서 슬퍼요. 우린 끝까지 이겨야 하잖아요. 젊은이나 늙은이나, 남자나 여자나 나와서 이 자리를 메운다면 아무리 짐승 같은 청와대라고 해도 대답이 있을 것 아니에요. 우리에게는 언제나 우리 편 예수님이 계십니다. 우리 힘낼 수 있습니다. 화장실이나 여건이 안 좋아도 이 모든 것을 하나님이 보고 계시니까 괜찮습니다. 오히려 속에서는 기쁨이 넘칩니다. 잠자는 이들을 깨울 수 있으면 좋겠습니다. 입으로만 정의를 외칠 것이 아니고 직접 나와서 이 자리에 함께해야 한다고 저는 봅니다. 우리 교회 식구들이 함께 왔습니다. 자다가 지금 떨어져서 이산가족이 되었습니다. 이 유튜브를 많은 사람이 봤으면 좋겠습니다. 그리고 너무나 감사합니다. 지금 공중파 방송은 다 막혀서 들을 수 없고, 사람들의 눈을 막고 귀를 막아 무엇이 진실인지도 모르는 이때, 유튜브 방송이 있어서 이렇게 너무나 아름다운 역사를 쓸 수 있다는 것이 감사합니다. 어제 제가 김문수 지사님을 옆에서 보니까 꼼짝 안 하고 우리와 같이 예배드리는 것을 봤습니다. 그분이 햇빛 속에서도 꼼짝 안하고 부동자세로 서 계시는 걸 봤습니다. 우리에게 이런 지도자가 있다는 것은 정말 감사한 일입니다. 우리는 반드시 승리할 것입니다. 절망하지 않습니다. 이깁니다.

최창근PD) 예. 고생하십니다. 이분들이 아스팔트로 나오셔야 한다는 게 너무 슬픈 것 같습니다. 비 오는 아침 너무나 평온한 청와대와 이곳 집회 현장을 보면 참 대조적인 느낌이 듭니다.

이렇게 국가를 위해 아스팔트에서 농성하고 있는데, 지금 악으로 하고 있습니다. 몸이 말이 아니에요. 자유는 공짜가 없어요. 자유가 있을 때 자유를 지켜야 해요. 우리 이승만 국부께서 돌아가시기 전에 국민들한테 말씀하셨잖아요. 다시는 멍에를 지지 말라고. 자유를 꿋꿋이 지켜야 한다고. 문 정권이 헌법을 지키지 않으니까 우리 국민들이 헌법을 지켜야 하고, 그래야 국민들도 '아, 문 정권은 사회주의를 찬양하지만, 국민들은 여전히 자유 민주주의를 사랑하는구나'를 알 수 있도록 보여줘야 해요.

10월 혁명의 핵심 동력은 지금도 광야교회에서 철야 농성을 하는 애국 성도들이다. 그들은 이름도 빛도 없이, 대한민국을 사랑하는 애국심만으로 차가운 아스팔트에 비닐 텐트를 쳤다. 김문수 TV는 백일 넘게 매일 밤 열 시와 새벽 여섯 시에 생생한 현장 인터뷰를 취재해 전국에 알렸다. 방송을 본 사람들이 전국 각지에서 광야교회로 모여들었다.

한기총 김여호수아 선교사님

 어제 200동이 넘는 텐트가 쳐졌고 한동안 광풍 비슷하게 센 바람이 불었는데도, 하나님 은혜 가운데 모두가 잘 잤다. 지금은 영상 1도 정도가 되는데, 아침에 동트려고 하니 날씨가 굉장히 맑은 것 같다. YTN이 우리를 굉장히 폄하하는 방송인데, 낮에 다녀갔던 것을 저지했고, 오후에는 어느 유튜버가 전광훈 목사님을 인터뷰하려고 했었다. 수상히 여겨 집회 현장에서 나가라고 했더니 거부를 했다. 나중에 보니까 KBS다. 그들의 목적은 전 목사님의 먼지라도 잡으면 그걸 확대하려는 것 아닌가. 꼬투리 잡아서 집

회의 본질을 오도하고 우리를 광기에 휩싸인 시위대로 몰고 가는 방송이다 보니까 그 모략에 말려들지 않기 위해 기습적인 질문들을 피해가고 있다. 그들이 KBS 심야 토론에 목사님이 출연할 수 있냐고 제안했다. 목사님이 '언제든지 나가겠다, 이곳에 자주 와서 나를 만나라, 그럼 언제든지 인터뷰에 응하겠다'며 (편집할 수 없게) 생방송을 하자고 요청하셨다. 그들이 생방송은 안 된다고 하더라. 녹화해서 우리에게 불리한 부분만 편집해서 온 세상에 전 목사님과 이 집회를 깎아내릴 것 아닌가.

한기총 정시대 목사님

성령의 불기둥이 함께해서 육신으로 피곤하지 않다. 하나님 은혜다. 할렐루야, 두 손 들고 아멘! 이곳에 옛날 삼각산에 마지막으로 올라가서 기도했던 그 은혜를 경험했던 분들이 오셔서 기도할 때 그 느낌을 받는다고 한다. 그래서 앉아만 있어도 충만하고, 앉아만 있어도 영이 하늘을 날아갈 것 같은 느낌이라고 한다. 이 광야교회가 60년대, 70년대, 그리고 80년대에 한국 강산에 역사했던 그 성령 충만한 은혜의 자리를 지금 회복한 거다. 오시는 분들이 다 그렇게 고백하고 찬양하고 있다. 그 은혜의 힘으로 하

루하루 살아가고 있다.

고교연합

 "여기 오면 우리 친척이나 이웃사촌보다 훨씬 더 유대감을 많이 느낄 수 있고 제일 중요한 애국도 할 수 있어 너무 좋다. 행진하면 젊은 사람들이 우리를 볼 때 틀딱이니 노인들이니 격하를 하는데, 행진이라도 예쁘고 규율을 갖춰 질서 있게 잘 보이기 위해서 애를 쓰고 있다. 고교연합은 우파 시민단체에서 가장 큰 축을 담당하는데, 인터넷이나 방송에서 많은 분의 응원을 받고 있다. 남녀노

소 가리지 않고 가입하시는 길이 곧 애국의 길이다. 지금은 고달프지만 앞으로 우리 다음 세대를 위해 꼭 해야 하는 일이고, 공수처는 정말 없어져야 하고 연동형 비례대표제는 절대 있어서는 안 된다. 우리 국민이 직접 뽑는 것이 선거이지, 누구 등에 업혀서 남이 동냥해주는 표로 국회의원이 된다는 것이 얼마나 떳떳하지 못한가."

"오늘 국민 대회도 참석해서 많은 분이 왔다가 대부분은 돌아가고 세 팀이 남아서, 오늘 여기서 시범 대회를 한번 같이 여러 애국 성도들과 하룻밤을 지내보고 릴레이식으로 이곳에 오기로 했다. 이곳이 우리의 애국 성지이고 우리가 문재인 정권을 몰아낼 수 있는 가장 중요한 힘의 중심이다. 오늘 혹한기 훈련을 온 기분이고 나이가 70대 중반이기 때문에 야외에서의 취침이 약간은 무리지만, 여기가 지금 대한민국에서 가장 중요한 자리라는 마음으로 큰 의미를 되새겨보려 한다."

아들) "위기 상황이 최고조에 올랐을 때 홍콩에 있었다. 1년 남짓 있었는데 홍콩이 그렇게 암울하고 절망과 분노와 광기에 휩싸여 있는 것을 본 적이 없었다. 나에게 커다란 마음의 충격과 상처로 남았다. 웬만하면 이 정부를 가급적으로 비판하지 않으려고 하는데, 내가 생각해도 이건 너무 나갔다고 우려하게 되는 지점들이 많기는 하다. 그런데 문재인 정부가 종북 주사파라서 나라를 바치려고 한다고 생각하지는 않는다. 그저 충분히 준비되지 않은 상태에서 집권한 것 같다."

어머니) "10월 3일 대회를 알게 되었다. 우연히. 여기 와본 다음부터는 지금까지 3주 동안 24시간 유튜브만 보게 되더라. 이 예배 실황을 내내 켜놓고 여기 주무시는 분들을 보고 눈물이 나고 가슴이 아파서 견디지를 못했다. 사나흘은 잠을 잘 수가 없었다. 처음에는 분노가 나다가 시간이 지나면서 나는 왜 여기에 있는가, 돌아보다가 이제는 평안해졌다. 이곳에서 사람들이 일대일로 하나님을 대면하고 회개하고, 거룩하신 이름이 다시 올려지는 것이 첫 번째고 두 번째는 알면 알수록 공산화가 되어가는 이 현실이 무섭고 못 견딜 것만 같다. 보다시피 우리 아들은 저랑 생각이 아주 다르다. 집에서는 많이 다투다가 요새는 그냥 휴전 상태다. 절대로 정치 이야기는 하지 않고. 그러다가 여기 와서 있는 동안에 변했다. 공산당은 뭔가를 시작할 때 원동력이 미움이다. 당장에 분노를 일으키면 크게 일이 만들어질지 몰라도 결국은 패망으로 가는 길이다. 하나님의 사람들은 처음엔 표가 안 나지만 사랑으로 녹이게 되는 것이다. 와서는 서로 하나도 불평하지 않고 사이좋게 지내고 있다. 우리가 모두 서로 사랑하는 것, 청와대 앞의 이 장소 자체가 하나님의 사랑으로 변하는 것. 이것이 제일 큰 기도 제목 같다."

"차명진 의원님, 성경 안에 말씀이 있고 의원님을 이끌어 갈 길이 있다. 주님께서 새 길로 인도하셨다. 정치하셔야 된다. 김문수 지사님하고 두 분이 이 나라를 위해서 여기 계신 것이다. 앞으로 기류가 바뀐다. 하나님께서 많은 사람이 하는 일을 접고 홍수처럼 이곳으로 많은 사람이 몰려오게 하셨는데 그중 한 분도 의원님이다. 하나님이 쓰시려고 이곳으로 몰아넣으신 거다. 이 시기에 의원님 안 계시면 우리는 이 나라에 대한 정세를 듣지 못하고 알지 못해서 힘들었을 거다. 그런데 의원님이 메시지를 계속 던지고 있는데 그게 굉장한 힘을 주고 있기 때문에 절대 낙심

하지 마시고, 앞으로 가시면 된다."

"하나님이 믿는 자든 안 믿는 자든, 하나님은 정직한 이들을 이 어려운 시기에 끌어 모으신다. 어르신들, 3년 동안 태극기를 드셨다. 늘 그걸 보면서, 비록 저분들이 교인은 아니지만 일제시대와 6.25를 겪은 어르신들이, 공산당이 무엇인지 알기 때문에 하나님께서 지금까지 저들 안에 들어 있는 의로운 분노를 토해내게 하셨다고 생각한다."

"친구 하나가 그랬다. '나하고 친구 하려면 그날 한 번은 나가야 하지 않겠니', 그래서 그날 광화문 금요 철야 집회에 새벽 다섯 시까지 있으면서, 기도원에 있었던 것보다 기도도 잘 되었고 나라를 위해 걱정하면서 진심으로 기도를 하다 보니까, 삶에 응답이 오는 걸 느끼게 되었다. 그래서 이렇게 자꾸 오게 되는 것 같다. 답답한 건 잠자고 있는 국민들, 잠자고 있는 목사님들.. 강단에서는 나라를 위해 걱정하는 것처럼 하지만, 친구가 여기 온다고 했을 때 '광화문에 잘못 가면 돌 맞는다' 이런 말씀을 하시더라. 애국하신다 하는 목사님 아래 교인들도 광화문을 한 번 안 나오고, 내가 다니는 신림동 교회도 이런 시국에 대해 요만

큼도 신경 쓰지 않는다. 나가서 사람을 만나야 전도가 되지, 앉아서 기도만 한다고 바뀌지 않기 때문이다."

"평소에 유튜브를 보면서 이 대열에 합류하고 싶었다. 어제 많은 사람과 함께 행진해서 기뻤다. 큰 교회는 교인들의 눈치를 보고, 혹시 좌파 사상을 가지고 있는 교인들이 도망갈까 염려도 되고 정부의 눈치도 보는 것 같다. 작은 교회 목회자들은 별로 잃을 것도 없고 해서 눈치 안 보고 나올 수 있는 것 같다. 물론, 큰 교회 목회자들 중에서도 집회 참석하는 것이 하나님 보시기에 정의로운 일이라고 생각하는 분들이 분명히 계실 거다. 나도 문재인 대통령을 좋게 생각하려고 애를 썼다. 그런데 전광훈 목사님 강의와 설교를 통해 좌파 정치인들에 대해 좀 더 자세히 알게 되었고 광화문 집회에 참석해야겠다는 생각을 하게 되었다. 현재 대한민국의 청소년과 아이들을 사회주의 사상으로 물들여 가고 있는 것 같아 위험하다고 생각된다."

"너무 애쓰시는 걸 본다. 정말 먼 데서도 오랜 기간 여기 와서 철야하면서 고생을 많이 하시는데 서울에서 가까운 데 지하철 몇 번 갈아 타시면 다 오실 분들이 안 오시는 걸 보면 나라가 엄청 위기인 것 같다. 자유 대한민국을 지키지 않으면 공산화된다. 그것은 다 망하고 죽음으로, 패망으로 가는 길이다. 청와대 앞에서 이렇게 너무 고생하면서 이 무거운 모든 걸 준비하시는 걸 보니 너무 눈물 나도록 마음이 아프다. 영적인 전쟁이다, 지금은. 그렇기 때문에 깨닫고 나오시길 바란다."

"청와대 앞 사랑채 은행이 너무 진하고 아름답다. 바람도 불지 않고 기도하기 딱 좋은 날이다. 청와대 앞만큼은 사수해야 하니까 사람들이 더 많이 늘어날 것 같다. 이 밤에 기도하는 수밖에 없다. 주님은 우리 마음의 숨은 생각까지도 듣고 계시니까. 불편한 음식도 맛있게 먹고 조금씩 양보하고 배려하고 여기서 노숙하면서 정도 들고 그렇다. 나중에 참 기억에 남을 것 같다. 격동의 시대에 대한민국이 든든히 서가는 그 현장에 나도 조금이나마 서 있었지 하고."

"핫팩과 침낭이 있어서 텐트 안은 춥지 않다. 견딜 수 있다. 저희 식구들이 다 지지해줘서 감사할 따름이다. 주님이 하라고 하셔서 한다."

"우리나라에서 가장 어린 애국자 하은이다. 아기가 청와대 앞을 더 좋아한다. 집에 있으면 엄마아빠한테 언제 가냐고 묻는다. 추워서 안 갈까 하다가도, (아기가 청와대 앞에서) 잘 잔다."

"만반의 준비를 해서 따뜻하게 잤는데 텐트 안에 생수에 얼음이 동동 뜰 정도로 추웠다. 여기 계신 분들 보니까 앞에 오신 것보다도 인원이 많아졌다. 날이 포근할 때보다 더 늘어났다."

"신앙생활로 살아야 한다는, 삶으로 살아내야 한다는 말씀에 큰 복을 받았다. 존경한다."

"여기가 정말 기도가 잘된다. 다른 데서 기도를 못 하겠다. 목회자 분들 기도 제목 큰 것 있으신 분들 오시길. 진짜다."

"생각보다 밖에서 보는 거랑 다르다. 핫팩이 좋아

서 안 춥다. 침낭에 담요도 잘 되어있다. 비닐을 덮어야만 결로나 서리가 안 생긴다. 빨래집게 꼭 쪼이지 않으면 비닐이 바람에 날아가서 춥다. 밤에 기도하고 낮에 일하면 딱 맞다. 기쁜 시간이다."

"혼자 왔다. 10월 3일 이후로 한 번도 안 빠지고 왔다. 교회도 안 다니고 무교다. 자유민주주의 애국 보수가 좌파한테 무너지는 걸 보고 참을 수 없어서 나왔다. 자유를 수호한다는 공통분모 하나만이라도 여기 나오는 이유가 충분하다."

"우리 애들은 이제 엄마 없어도 적응이 되어서 잘 잔다. 자기 전에 전화하고 일어나면 엄마한테 전화하고. 우리 아이들, 엄마 밖에 있는데 이해해주고 잘 견뎌줘서 너무 고맙고 사랑한다. 대신 자리를 채워주고 있는 남편에게 제일 고맙다. 무한히 감사한다."

"첫 숙박 소감은 '은혜로웠다'. 나라와 민족, 교회를 위해 기도했다. 청와대 교회에 오셔서 주님이 말씀하시는 음성을 듣고 깨어서 우리 대한민국이 어디로 흘러가고 있는

지 분별하고, 이를 위해서 기도하고 또 부르짖고 또 외치
고 항거했으면 좋겠다. 비가 조금 내렸지만, 지붕이 이중이
라서 안 추웠다."

"지금 집마다 좌파 없는 집은 없을 거다. 우리 집도 그렇
다."

"어제 여기서 잠을 자고 얼마나 감사한지 모른다. 왜냐
하면 지금 이곳이 가을이라 이슬이 흠뻑 젖어야 하는데 이
슬 한 방울 없다. 우리나라를 하나님이 이렇게 사랑하신다

는 것을 알았으면 좋겠고, 우리가 서명을 받으러 다니다 보면 반대하던 사람들이 많았는데, 이제 다 돌아와서 하나가 되어서 나라를 바로 세우는 일에 앞장섰으면 좋겠다. 전국에서 보시는 여러분들은 한 사람도 빠짐없이 다 오셔서 동참하셨으면 좋겠다. 전광훈 목사님께도 하나님이 건강을 허락하셔서, 끝까지 이 일을 이끄시기에 부족함이 없으셨으면 좋겠다."

"보잘것없지만, 한 자리라도 채우고 싶어서 나왔다. 마음으로는 매일 저녁 오고 싶은데 그렇게 안 될 것 같고. 모두 이렇게 수고해주시니 정말로 감사하고. 나라와 민족을 위해서 애국하는 마음으로 와 주셔서 정말 감사하고. 저는 항상 김문수 지사님께 감사하다. 이렇게 (우파로) 돌아와 주시고, 지금 이렇게 애쓰시니 정말 감사하고 반갑다. 사람 하나 잘못 뽑아서 이렇게 국민들이 애를 먹는데, 좋은 나라 오기를 기다리고 있다. 나이 든 사람은, 어느 정도 그 세계(주사파)를 안다. 아니까, 집에서도 나라 근심을 하고 잠을 못 자겠다. 젊은 사람들은 전교조 교육 때문에 나라에 대한 사랑이 적다. 그래서 잘 모른다."

일본 베스트셀러 저자 장승식(다나카) 님

"일본에서 두 번째 책을 출간하고 세미나 하던 도중에, 가끔 뉴스를 보는데 한기총 전광훈 목사님이 집회한대서 그날 저녁 비행기 티켓을 끊고 와서 다음 날 아침 집회 첫 날부터 참여했다. 사랑채 앞에서 피켓 들고 참여한 초기 멤버. 나는 광야교회에서 남들 다 기피하는 밑바닥 일을 한다. 이 바닥을 안 받쳐주면 모든 게 무너진다. 자기가 고귀하다고 생각하면 그때부터 글이 깨진다. 진하게 경험을 하게 되면 사람이 고집이나 아집이 깨져버리게 된다. 거울을 보고 자기 눈을 30분 이상 볼 수 있어야 한다. 서울에서 부산이 400km밖에 안 된다. 일본에서 밑창 없는 신발로 1,400km를 걸었다. 그러니까 완전히 버선발로 걸어 다닌 거다. 일본은 공중화장실이 잘 되어있거든. 샤워하고 탈탈 털어서 짜서 말리고 걸으면서 말렸다.

수고해주는 것, 밑바닥에서 이걸 해주는 게 진정한 사랑이다. 광야교회 있는 사람들이 한국을 지키는 마지막 남은 횃불이다. 나는 49년 동안 나 스스로 엄청난 핍박에 시달렸다. 이사한 것만 몇백 번이 넘는다. 도망 다니고. 경찰들에게 맞아서 코도 부러지고. 영안실에 두 번을 들어갔다 나왔다.

증조부가 목숨으로 희생을 했고 할아버지가 건국하고도 암살당하고 아버지가 경제재건을 해 주고도, 박정희 대통령에게 그렇게 많은 돈을 주고도 셋방살이를 하다가 암살당해서 돌아가셨다. 내가 이 모든 것들에 대해서 원한을 품고 가슴 속에 이런 마음을 가지면 어떻게 되었을까. 할머니가 90년에 돌아가시면서 이렇게 말씀하셨다.

"아가, 그래도 다 용서해 주거라. 약속할 수 있겠니."

"예 할머니 제가 약속할게요."

"그래."

하면서 눈을 감으셨다. 나는 다짐했다. '용서해 줘야지'.

내가 가족과 함께 백 번 넘게 이사 다니고 일본까지 망명을 하러 갔을 때도, 나는 이 나라를 막말로 불로 다 쓸어 버리고 싶었다. 그런 마음밖에 없었는데, 광야교회가 나타나서 부르짖는 걸 보면서, 이 조선반도 전체에서 마지막 희망의 불빛을 봤다. 그래서 이 집회를 받쳐주기 위해 이곳으로 날아왔다. 보이지 않더라도, 몸으로 분리수거랑 허드렛일하면서 봉사를 했다. 세뇌된 애들은 깨어나질 않는다. 영혼까지 불살라야 한다. 왜냐면 의식 속에 '남의 건 내 것, 내 것도 내 것'이라는 마음이 있기 때문이다. 조국 같은 패션 좌파는 유전자에 각인이 되어 있는 거다. 인간을 노예로 부리고 모든 게 자기 것이라는 욕심, 자기희생의 마음이 없는 것이다. 세상을 받치는 건 신이다. 마르크스주의는 신이 없는 것이다. 거들먹거리면서 세상을 아가리로 지배하려고 하는 건 신이 보기에 영혼을 불살라 버려야 되는 것이다. 나는 광야교회를 보호하기 위한 부성이 엄청나게 강하다. 그래서 전투적이다. 좌파 애들이 수시로 들어와서 방해하기 때문에 내가 이곳을 떠나지를 못한다. 김문수 TV 옷 입고 딱 버티니까 나는 사라지고 없고 김문수 TV만 남았다. 바꿔 말하면 이곳 광야교회를 김문수가 받치고 있는 셈이다. 이상하게 이렇게 되었다. 하하하."

밤이 깊어 먼 길을 나서다

이제 여러분들의 자녀들은 오늘 이날을
기억할 것입니다. 우리 할머니, 우리 증조할머니,
고조할아버지가 2019년 12월 국회 앞에서
그 외롭고 힘든 투쟁을 했기 때문에 대한민국이
다시 위대한 나라가 되었다고 말입니다!

자유를 향한 단식

10월 혁명 도중에 대형 사건이 벌어졌다. 조국 법무부장관 사퇴, 지소미아 연장 사건보다 파급효과가 컸다. 자유한국당 황교안 대표가 청와대 앞 노숙 단식투쟁에 돌입했다. 이로써 전광훈, 김문수, 그리고 황교안의 삼두마차가 한 몸이 되어 반문 투쟁을 이끌었다.

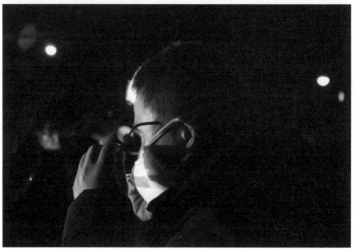

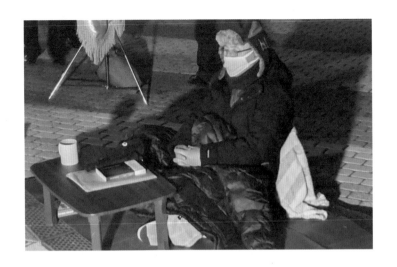

차명진 페이스북 2019. 11. 20.

내가 87일째 문재인 퇴진을 주장하며 농성 중인 청와대 앞 천막으로부터 백 미터도 안 떨어진 분수대 앞에서 황교안 대표가 무기한 단식농성을 한다고 찾아왔다. 잘된 일이라며 반기러 가자는 김문수 지사의 권유에 내가 거길 왜 가냐는 반발심이 퍼뜩 들었다. 당협위원장에서 쫓겨난 억하심정 때문이다. 우리 투쟁에 도움 된다는 큰 생각을 가지라는 훈시에 할 수 없이 따라갔다.

황 대표는 아무 준비도 안 되어 있었다. 실컷 기자회견하고 났는데 여기서 밤을 새우면 불법이어서 국회로 장소를 옮기겠단다. 그래놓고 황 대표는 바닥에 앉았다. 저러면 무릎이 시릴 텐데 하는 생각에 우리 농성장에서 담요 네 장을 가져다가 덮어줬다. 이상하게 참모들이 고마워하기는커녕 싫은 표정들이었다. 왜일까?

황 대표와 전광훈 목사와의 만남이 서로에게 윈윈일 것 같아서 전광훈 목사에게 연락했다. 전 목사가 도착하니 황 대표가 우리 농성장으로 찾아왔다. 덕분에 분위기가 확 살았다. 황 대표에게 건반 치는 분이 전 목사님 사모님이라고 귀띔해줬다. 전 목사가 황 대표에게 국회로 가지 말고 여기에서 하라고 강권했다. 우리가 텐트나 모든 장비를 대주겠다고 했다. 저녁이 되자 참모들이 등 떠밀다시피 해서 황 대표가 장소를 떠났다. 맥이 쭉 빠졌다. 제1야당 대표가 하는 일인데 이 정도도 아귀를 못 맞추나 한심한 생각이 들었다. 아무튼 황 대표가 국회 마당에서나마 가열차게 투쟁했으면 한다. 나는 또다시 추위를 피해 농성 천막 안으로 기어들어 간다.

텐트 공수를 위해 경찰과 대치한 밤

제1야당 대표 황교안의 단식투쟁은 녹녹하지 않았다. 황 대표는 청와대 앞 광장에서 실행할 마음이었으나 경찰 측이 광장에서 농성한 전례가 없다며 물리적으로 방해를 했다. 당직자들마저 준법정신을 발휘하자며 황교안 대표를 만류했다. 그러나 황 대표가 굳은 의지를 발휘해서 청와대 앞 단식농성을 감행했다. 아무 준비도 없었던 황 대표 농성을 위해 나와 광야교회 애국 성도들이 경찰의 제지를 뚫고 침낭과 담요를 공수했다. 김문수 지사는 품속에 비

닐을 넣고 농성장으로 진입하다가 경찰과 몸싸움까지 했다. 그날 밤 아내한테서 문자가 하나 왔다. 2017년 경실련에서 청와대 사랑채 앞에서 텐트를 쳐놓고 농성한 사진을 보내 왔다. 한국당 당직자들과 경찰들에게 보여줬다.

차명진 페이스북 2019년 11월 23일

오늘은 집에 들어와서 잤다. 우리 천막이 탈탈 털렸기 때문. 황교안 대표가 국회로 안 돌아가고 청와대 분수대 앞에서 농성하기로 단안을 내렸다. 눈치를 보아하니 참모들은 아무 준비도 없이 당황하기만 한다. 황 대표의 투쟁을 사심 없이 지지하는 청와대 앞 노숙 투쟁 동지들의 뜻을 반영해서 우리가 도움을 주기로 했다. 아끼던 침낭, 이불, 매트리스, 스티로폼 깔개… 물품 반입을 못 하게 하는 경찰의 탄압을 뚫고 창피하지만, 전직 의원이라고 밝히고 우리 천막의 귀한 물품을 아낌없이 황교안 대표의 노숙 단식 투쟁에 공수했다. 우리 취침 도구를 모두 가져다줬다. 경기도 의사회 이동욱 회장의 혈압 체크용 기구와 도움말도 긴급 지원했다. 전광훈 목사와 김문수 지사는 경찰이 겹겹이 쌓은 방어막을 뚫고 몸싸움까지 해가며 비닐 덮개를 전달했다. 황 대표는 지금 단식 4일 차라서 매우 힘들 거다. 그래도 말짱한 판단을 하는 모습에 간단치 않은 사람이란 생각이 처음 들었다. 내가 알기로 전광훈 목사와 김문수 지사가 황 대표 참모들의 갖은 눈치와 반대를 뚫고 청와대 잔류를 권고했는데 그 양반이 그걸 알아들은 것 같다. 가능한 한 우리 천막농성 팀과 함께 있으려는 그 뜻에 진한 동지애를 느낀다. 그리고 처음으로 오랫동안 곁에서 관찰하니 황 대표와 주변 참모가 겉돈다는 느낌을 받았다. 당료들은 아무 준비도 못 한 채로 상황을 맞이했다. 발 빠르게 대응해야 하는데 그런 모습이 안 보인다. 특보나 국회의원 하는 친구들은 주변에 오는 사람 중 누가 아군이고 누가 적군인지 구분도 잘못한다. 경기도 의사회 회장이 말했다.

"주의사항을 얘기해줘도 건성으로 들어요. 당 대표를 마네킹으로 생각해요."

걱정이다. 아무튼 나는 천막에 이부자리가 없어졌다는 핑계(?)로 3일 만에 집으로 돌아와 푹 잤다.

팔불출 소리를 들어도 아내 자랑 좀 해야겠다. 우리 아내가 어제 특종을 두 개나 했다. 하나는 지소미아 연장 결정을 현장에 최초로 알려줬다. 어제 나는 청와대 앞에서 김문수 지사 대신에 국민대회 사회를 보고 있었다. 아내가 문자로 한국이 지소미아를 연장키로 했다고 NHK 화면에 속보로 떴다고 전해왔다. 아직 국내에 1보가 나오기도 전이었다. 현장의 동지들에게 이 낭보를 전하면서 '우리 아내가 말하길 NHK 화면에 떴답니다' 외쳤다.

또 하나는 어제 황 대표가 청와대 사랑채 앞에서 농성키로 하면서 우리 쪽 경호 대장이 텐트를 쳐주려 했더니 경찰이 규정에 어긋난다며 못하게 막은 일이 있었다. 아내가 밤 열 시쯤 기사 하나를 검색해 보냈다. 2017년 11월 21일 자 연합뉴스였는데 경실련(경제정의실천시민연합) 애들이 청와대 분수대 앞에서 멀쩡히 텐트를 펼쳐놓고 농성하는 모습이었다. 박대출 의원에게도 문자로 보내주고 유튜브에 틀어 줬더니 경찰이 슬쩍 찾아와서 사진으로 찍어갔다. 집에 와 아내에게 물으니 종일 유튜브로 현장 소식을 모니터링하고 있단다.

담장 너머 동지를 부르는 소리

광야교회 애국 성도들은 아낌없이 황교안 대표의 단식농성을 지지했다. 수많은 사람이 황 대표에게 건네주라고 나에게 핫팩과 온열 조끼를 보내왔다. 황 대표의 농성을 방해하는 좌파 유튜버들에 대응해서 맞고함을 치고 그들을 황 대표 주변에서 몰아냈다. 황 대표의 안녕과 건강은 애국성도들의 집회와 기도의 주제가 되었다. 황 대표는 애국 성도들에게 화답하듯 광야교회와 담장 하나 사이의 거리에 자신의 단식농성 텐트를 쳤다.

밤이 깊어 먼 길을 나서다

11월 23일 광야교회 오후 집회

김문수) 저기 담장 너머 저곳 침낭에, 저 위에 텐트도 못 치게 해서 땅바닥에 저렇게 제1야당 대표를 누워 있도록 하는 문재인, 인권 변호사 맞습니까. 다 같이 크게 함성을 계속하겠습니다.

(3분간 함성)

와 —

날이 저물었는데, 텐트를 치고 그 안에 있어야 하는 게 마땅한데, 제1야당 대표를 노숙자보다 못하게 취급하는데, 용서할 수 있습니까! 진짜 인권 변호사 고영일 변호사 오셨습니다.

고영일) 반갑습니다. 고영일 변호사입니다. 문재인은 1996년, 원양어선 페스카마호에서 중국 국적의 선원들이 대한민국 선장과 인도네시아 선원들 여러 명을 끔찍하게 살해하고 해사 고등학교 학생을 산 채로 바다로 던졌던 사건의 변호를 맡았습니다. 그리고는 가해자도 품어줘야 한다면서 일본 영해에서 대한민국 영해까지 그 배를 끌고 와서 중국인들을 무기징역으로 감형시켰습니다.

지난 12월 2일, 북한 사람 둘이 목함 어선을 타고 대한민국에서 살고 싶다고 귀순을 요청했는데, 언론에 하나도 보도하지 않고 12월 7일, 두 북한 주민들을 안대로 가리고 손을 등 뒤에서 포승줄로 묶은 다음에 공동경비구역에서 북송을 지시했습니다. 대한민국 헌법 제3조에서, 대한민국의 영토는 한반도와 부속 도서로 합니다. 그래서 북한 땅이 대한민국의 영토가 되는 겁니다. 미未 수복지역, 우리가 회복하지 못한 그 지역을 반 국가단체인 북한 김정은이 불법으로 점령하고 있기 때문에 북한 주민은 대한민국 국민이 되는데, 인권 변호사라는 문재인이 대한민국 국민을 어떻게 북송하느냐 이겁니다.

　김문수) 지금 황 대표가 자리에서 일어났다고 합니다. 황 대표를 향해 함성 크게 지르겠습니다. 함성을 지른 후에 '우리 승리하리라'를 부르겠습니다. 황교안 대표에게도 들리고, 문재인도 들을 수 있도록 크게 3분간 함성 실시!

　(3분간 함성)

　와 —

우리 승리하리라

우리 승리하리라

우리 승리하리라

우리 승리하리 그날에

참 맘으로 나는 믿네

우린 승리하리라 아아아아

두려움이 없네 두려움이 없네 두려움이 없네 우리는

아아아 참 맘으로 나는 믿네

우린 승리하리라 아아아아

손에 손을 잡고 손에 손을 잡고

힘을 합하리라 우리는 아아아

참 맘으로 나는 믿네

우린 승리하리라 아아아아

평화롭게 살리라 평화롭게 살리라

평화롭게 살리 그날에 아아아

참 맘으로 나는 믿네

우린 승리하리라 아아아아

여의도 원정 투쟁

여당이 공수처법과 연동형 비례대표제를 일방적으로 밀어붙이기 시작했다. 자유한국당에서 광야교회 성도들에게 지원을 요청했다. 패스트트랙을 통과시키기 위해 열릴 예정이었던 임시국회는 국회의사당을 에워싼 애국 성도들의 함성에 눌려 취소되고 말았다.

밤이 깊어 먼 길을 나서다

성창경 KBS 공영노조 위원장

여러분 오늘은 대한민국 역사에서 아주 중요한 날입니다! 여의도 1번지 국회에 와서 직접 우리가 외쳤습니다. 대한민국을 좌파가 점령한다면 우리 화난 국민들이 국회에 직접 찾아와서 이렇게 항거합니다. 여러분, 그동안 얼마나 많이 속았습니까. 저 민노총이 장악하고 있는 언론에 의해서 박근혜 대통령이 탄핵당하는 것도 속았고 문재인 정권이 적폐 청산이라고 하면서 우파 인사들을 마구 고소할 때도 우리는 꼼짝없이 속았습니다. 국민 여러분, 이제 우리는 속지 않습니다. 우리는 이제 싸웁니다. 이제 국회를 점령한 것입니다. 지금은 평화 시대가 아니요, 남과 북의 전쟁 시대도 아닌, 우리 내부에 있는 좌파들과의 전쟁입니다. 우리 부모님 세대가 피땀 흘려 만든 나라, 북한 공산주의로부터 피 흘려 지킨 나라, 이 아름다운 나라를 문재인 일당들이 북한 김정은에게 갖다 바치려고 하는데 가만히 있을 수가 있습니까. 우리는 목숨을 걸고 자유 대한을 지킬 것입니다. 이 아름다운 나라 대한민국은, 하나님이 세우셨고 하나님이 지켜 주십니다. 민노총에 의해 장악된 언론의 선전, 선동, 왜곡 보도를 보고 침묵하고 있는 많은 대한민국 국민들이, 어서 잠에서 깨어 이 국회로 나오기 바랍니다. 여러분들로 인하여 오늘 대한민국의 국민 혁명이 시작되는 것입니다. 직장인 여러분, 공무원 여러분, 학생 여러분, 이 나라를 여러분이 지키지 않는다면 누가 지키겠습니까. 함께 힘을 모읍시다. 싸웁시다! 이제 여러분들의 자녀들은 오늘 이날을 기억할 것입니다. 우리 할머니, 우리 증조할머니, 고조할아버지가 2019년 12월 국회 앞에서 그 외롭고 힘든 투쟁을 했기 때문에 대한민국이 다시 위대한 나라가 되었다고 말입니다! 위대한 자유대한 만세! 이승만 만세! 박정희 만세!

주옥순 엄마방송 대표

자 여러분, 오늘 저 문희상 국회의장이라는 분은 아마 우리 국민들에게 혼쭐이 나서 국회의사당 안에 못 있을 것 같지 않습니까. 6.25 이후 70년 동안 대한민국 국회를 우리 국민의 손으로 장악해 본 것은 처음이라고 생각하는데 맞습니까! 우리 국민은 위대한 국민입니다. 여기 계신 원로 어르신들의 피땀 어린 힘으로 오늘 나라를 이끌어왔는데 지금의 문재인 좌파 일당이 대한민국을 말아먹고 있기 때문에 오늘 우리가 이 자리에 모인 것 아닙니까. 지금까지 주사파들은 민주주의라고 우리 국민을 속여 왔습니다.

저들은 민주주의가 아니라 대한민국을 공산화로 이끌어가기 위해 위장적인 민주주의를 외친 것입니다. 여러분 이제 저들의 거짓이 낱낱이 드러났기 때문에 우리 국민들은 이제 더 속지 않을 것입니다.

저들은 우리의 주적인 북한의 김정은 3재 독재자들에게, 우리가 피땀 흘려 벌어들인 세금으로 저들에게 핵을 만들 수 있는 어마어마한 자금을 지원해 주지 않았습니까. 여러분 저들이 부르짖는 평화는 사기 평화입니다. 평화 체결, 한반도 종전 선언은 김정은의 독재를 옹호하기 위한 거짓 술수입니다. 우리는 절대로 넘어가지 않습니다. 이제 우리는 자유의 권리를 포기할 수 없기에 피눈물 나는 투쟁을 시작해야 합니다.

차명진 페이스북 2019년 12월 18일

광야교회에서의 목숨을 건 노숙 단식투쟁 이후 황교안이 변했다.

첫째, 제도권 정당의 한계를 벗어 던졌다. 어제와 그제, 장내 우파와 장외 우파가 대중적으로 결합하는 극적 장면이 연출됐다. 그 과정에서 문재인 경찰들이 강요하는 준법의 테두리를 허물어버린 황교안의 과감한 선택이 결정적 역할을 했다. 그제는 한국당 지도부가 의사당 정문까지 나와서 경찰 저지선을 뚫고 문 밖의 시민들을 국회 경내로까지 영접했다. 하지만 어제는 황교안 대표가 한국당 의원들을 진두지휘해서 국회 밖으로 나와 시민들과 결합해서 장외집회를 주도했다. 황 대표는 지난 번 단식 농성 때 청와대 앞이냐 국회 의사당이냐, 텐트를 치느냐 마느냐, 광야교회와 손잡느냐 마느냐 사이에서 우왕좌왕했다. 그때 실망한 나는 솔직히 최근까지 황 대표의 진정성을 믿지 않았다. 하지만 이번에는 달랐다. 과감하게 결단했다. 좌파와 그들에게 오염당한 보수 언론까지 '난입'이니 '폭도'니 하는 표현들을 써댔는데도, 그는 전혀 개의치 않았다. 그 결과 우파 최초로 장내와 장외가 대중적으로 결합하는 역사적 사건이 발생했다.

둘째, 언행이 달라졌다. 나는 어제와 그제, 한국당의 여의도 투쟁에 적극 가담했다. 황 대표를 자세히 관찰할 수 있었다. 대중 연설 할 때 설명이 훨씬 적어졌다. 단어를 던진다. 드디어 대중을 가르침의 대상인 학생이 아니라 결전을 앞둔 동지로 본다는 뜻이다. 문재인에 대한 규정에 날이 섰다. '무능하다'거나 '그럴 줄 몰랐다, 실망했다', '각성하라' 등의 한가로운 단어들이 사라졌다. 정확히 '좌파독재', '심판대상'으로 낙인찍는다. 내용도 개념어가 줄어들고 훨씬 구체적이다.

'두 번, 세 번 해산명령을 내려도 우리는 흩어지지 않았다. 나라가 죽는 판인데 내가 살아 뭐하냐?' 생생하다. 앞서서 논평이나 하는 것이 아니라 실제로 고민하고 투쟁한다는 뜻이다. 그의 연설에서 진심이 보인다. 투쟁의 결기가 보인다.

셋째, 내가 특히 눈 여겨 본 것이 있다. 그는 어제 그제 내내 연설하면서 대중들을 향해 '애국시민 여러분'이라 했다. 내가 틀렸을지 모르지만 그의 입에서 '당원 동지 여러분'이란 단어가 나온 게 기억나지 않는다. 그가 상황을 정확히 직시하고 있다는 거다. 어제 그제, 그를 만나기 위해 사선을 넘은 사람들은 지구당별로 동원된 책임당원이 아니라 그에게 강한 연대감을 느껴 유튜브를 보고 자발적으로 나온 아스팔트 애국시민, 특히 청와대 광야교회 성도들이었다. 잘 훈련된 그들은 질서정연했고, 분기탱천했고, 쇠심줄처럼 질겼다.

그동안 황 대표가 사람들을 만나는 표정은 그냥 지지자 내지는 격려 대상을 만나는 듯 했다. 하지만 어제는 달랐다. 동지와 결전을 다지는 악수를 하는 듯 했다. 어제 그제, 내가 관찰한 황교안은 그냥 야당 대표가 아니라 대한민국 자유 우파의 지도자였다. 황 대표가 우파 통합의 극적 계기를 만들어냈다.

황교안이 죽음의 단식 이후 확 바뀌었다.

우리는 두드릴수록 더 단단해진다

나는 이래도 좋고 저래도 좋고, 내 속에 와 계신
주님이 가 있으라고 하는 곳에 있을 겁니다.
내가 만약에 감옥에 들어간다고 해도
내가 나올 때까지 이 교회를 부흥시키십시오.
할렐루야!

새해 들어 문재인 경찰이 전광훈 목사에게 구속영장을 청구했다. 문재인 일당이 후과를 돌아보지 못할 만큼 혼이 빠졌다. 전 목사 한 사람 잡아넣으면 국민 분노가 가라앉고 숨죽일 것으로 생각하나 보다. 대개 독재자가 이런 길로 간다. 어떻게 해서 대중심리에 잘 올라타서 권력을 잡게 되고, 점점 대중이 제 맘대로 조종되는 줄 착각하고, 그러면서 무리수를 두고, 어느 날 홀로 남고, 비참한 말로를 겪는다. 뻔히 보인다.

그러나 누를수록 더 강하게 반발한다. 애국 성도들은 문재인이 전광훈 목사를 구속하려 한다고 하자 더 단단히 모여들었다.

2019년 1월 2일 전광훈 목사 구속영장 심사 직전 서초동 법원 앞 집회

김문수) 감방에 들어가면 겨울에 너무 추워요. 목사님, 잡혀가시더라도 거기에 놀라운 성령이 폭발할 것이라고 믿습니다. 대한민국의 한강의 기적을 이루었던 많은 분의 땀과 눈물이 모두 우리 젊은이들의 가슴에 다시 폭발적으로 피어날 것이라고 저는 믿습니다. 우리는 반드시 이길 것입니다!

전광훈) 10월 3일 하나만 가지고 지금 문제 삼고 있습니다. 10월 3일 그날, 세계 역사상 가장 평화롭게. 사건 사고가 단 하나도 없었습니다. 경찰들이 그걸 찾아내려고 카메라를 들고 다 붙었는데 한 건도 못 찾았어요. 단 하나, 뭐냐. 내가 여기서 집회를 인도하고 저 청와대 앞에 갔더니, 우리보다 먼저 출발한 탈북자 단체가 한성옥 모자 굶어 죽은 사건 항의하기 위해, 문재인이 세월호 텐트 와서는 3일 밤을 자고 있었으면서 왜 탈북자 아사 텐트에는 들리지 않느냐를 갖고 면담하기 위해 경찰 저지선을 돌파했더라고요. 30여 명이 연행되어서 하루 만에 훈방조치 되어 나왔어요. 근데 종결된 사건으로 내가 배후에서 조종했다고 하면서 구속하려고 하는 거예요. 종로경찰서에서 나를 조사했던 팀이 이야기해요. '우리 조사한 모든 팀은 일곱 가지를 모두 무혐의로 결론 내렸는데, 서울 경찰청에서 구속하라고 지시가 내려왔습니다.' 일선 담당자들은 문제없다고 하는데, 왜 당신들이 위에서 구속하라고 하느냐 말이야. 청와대가 시켰지 뭐. 백번 맞는 이야기지. 그래도 나는 이래도 좋고 저래도 좋고, 내 속에 와 계신 주님이 가 있으라고 하는 곳에 있을 겁니다. 내가 만약에 감옥에 들어간다고 해도 내가 나올 때까지 이 교회를 부흥시키십시오. 할렐루야!

차명진 페이스북 2020년 1월 2일
지금 송 판사는 전광훈 목사가 폭력을 사주했는지를 법적으로 열심히 따지고 있을 거다.

그러나 그가 진짜 따져야 할 것들이 따로 있다.

첫째, 문재인은 전 목사에게 유죄, 무죄를 추궁할 자격이 아예 없다.

문재인은 이미 대한민국을 사회주의 인민민주주의로 한참 돌려놓았다. 입 있는 자 모두가 자크 채우고 있을 때 전 목사가 분연히 일어나 가장 큰 목소리로 문재인이는 빨갱이니까 어서 내려 와라고 용감히 선포했다. 꽁지 빠지게 도망가야 할 문재인과 그 하수인이 감히 전 목사의 유죄, 무죄 여부를 따져서 전 목사를 구속하겠단다. 도둑이 형사 잡겠다는 거다.

둘째, 전 목사 구속은 우파에 대한 최종적이고 결정적인 탄압이다.

엊그제 우파의 최대 세력인 한국당이 집권 좌파에게 완패당했다. 이미 우파는 두 전직 대통령을 구속했고 교육, 사법, 행정 현장 곳곳에서 씨도 안 남긴 채 야금야금 궤멸당했다. 지금 우파 대중의 기대를 한 몸에 받는 윤석열 검찰조차 조만간 추미애 법무한테 풍비박산 날 거다.

안타깝게도 한국당은 자신들이 패배했는지도 모르고 앞으로 투쟁은 쏙 뺀 채 선거에만 몰두할 거다. 야당으로 성공할지는 모르겠으나 향후 주사파 문재인 퇴진 투쟁의 중심 역할을 하긴 어렵게 됐다. 이런 마당에 전 목사마저 제거된다면? 우파는 3년 전의 사실상 궤멸인 끔찍한 상황으로 돌아가게 된다.

셋째, 전 목사가 구속되면 대한민국 기독교가 구속되는 거다.

나는 얼마 전 하나님을 가슴으로 영접했다. 그러고서 한국 교회를 들여다보니 그야말로 절망이다. 상당수 목사가 하나님이 아니라 자기 교회 신도들의 호주머니를 섬기고 있다. 신도들이 원한다면 주사파 김정은과도 기꺼이 손을 잡는다. 그들에게 이 나라 이 민족을 하나님의 뜻으로 구원하는 길은 안중에 없다. 오직 자기 사업체 고객 확보와 사업 확장에만 몰두하고 있다. 하나님이 두고두고 그들을 심판할 것이다. 내 생각에 그나마 전 목사가 살아 있으니 하나님이 당장은 이 민족을 심판하지 않고 있는 거다. 전 목사가 구속된다면 지금 전 목사와 광야교회 기세에 눌려 눈알만 굴리는 사이비 선지자들이 '거봐라' 하며 광분할 것이다. 마치 빌라도 총독에게 예수를 고발한 랍비들처럼.

넷째, 전 목사 구속은 이후 정국에 엄청난 파장을 몰고 올 것이다.

지금 이 나라 언론은 자의적으로든, 타의적으로든, 온통 좌파에 장악되어 있다. 그들의 보도는 전 목사를 폄하하고 왜곡하고 있다. 그래서 집권 좌파가 전광훈 목사의 존재감을 우습게 볼 수 있다. 그의 구속을 사소한 사건 정도로 여길 수 있다. 그러나 전광훈 목사에게는 백만 의병이 함께하고 있다. 이들은 스펙도 없고 자리 욕심도 없다. 용기 하나는 충만하다. 판사는 잃은 것 없는 사람들, 오로지 나라를 위해 목숨을 초개처럼 버릴 각오가 되어 있는 사람들을 분노케 한 후과를 감당할 수 있을까? 송경호 판사가 역사 인식이 제대로 박힌 사람이었으면 좋겠다.

차명진 페이스북 2020년 1월 2일

전광훈 목사님 석방 집회의 사회를 봤다. 얼떨결에 마이크 잡았다가 여섯 시간을 꼬박했다. 나도 모르게 국민 집회가 아니라 하나님 집회로 운영했다. 모인 분들이 백 프로 광야교회 사람들이었다. 연설 중간, 중간에 찬양과 기도 순서를 넣었다.

10시 반쯤에 전 목사님 영장기각 소식이 날아왔다. 모두가 기뻐했다. 은혜로웠다.

서미영 사모님(전광훈 목사 사모님) 2020년 1월 2일 연설

주님이 대한민국을 사랑하십니다. 우리나라를 지켜주신 주님께 모든 영광을 돌립니다. 이 모든 것은 주님의 은혜요 주님의 사랑이요 주님만이 하실 수 있는 일입니다. 감사합니다.

나는 카톨릭 15년 차 신자다. 좌파 신부, 골
빈 신자들한테 수없이 상처를 받으면서도 매주 일요일
이면 꼬박 성당엘 나갔다. 창세기의 천지창조 편을 읽
다가 말이 안 된다 싶어 성경을 덮었고 내 지식과 양심
을 더 믿었다. 물론 내가 아쉬울 때는 창조주를 찾는다. 그
때마다 신은 응답해 주지 않았다.

전교조 명단 공개 때문에 민사소송을 당해 1억 2천을 물
어주느라 집을 날렸을 때 무슨 수가 없겠냐며 기도했지

만 신은 내 편이 아니었다. 입에서 단내가 나도록 표밭을 갈고 지극 정성을 다했는데 국회의원 선거에서 두 번이나 떨어졌다. 그렇게 내 청춘 10년을 허공에 몽땅 날려 버렸다. 신이 있다면 나를 이렇게 방치하지 않았을 거다.

선거에서 떨어지고선 하는 일마다 안 풀렸다. 방송 출연으로 입에 풀칠했는데 돌려서 말하지 못하는 천성 때문에 언노련(전국언론노동조합연맹) 애들한테 집중 공격을 받았고 그때마다 중도하차 해야 했다. 이재명한테 명예훼손으로 소송을 당해 벌금 물어주고 사과까지 했다. 이땐 아예 기도도 안 했다.

급기야 페이스북에서 세월호 유가족의 역린을 건드린 죄로 모든 방송에서 하차하고 민·형사 소송을 당했다. 감방 가는 건 두렵지 않다. 재판에서 지면 4억 2천에 복리 이자를 몇 년 치까지 붙여서 물어줘야 한다. 내가 아니라 아내랑 가족한테 피해가 간다. 나는 이미 알거지다.

가장 아픈 대목은 내가 지키려 했던 당이 나더러 국민 정서를 해쳤다며 당원권을 정지시키고 당협위원장 자리를 박탈했던 것이다. 집도 뺏기고 동지들한테도 쫓겨나고… 마음 기댈 곳이 없었다.

'신은 죽었다.'

'신이 없으면 하늘나라도 없을 테니 이승에서나 모질게 살아야겠다.'

속으로 되뇌고 되뇌었다.

살 궁리가 생길 때까지 김문수 지사한테 의리나 지키겠다고 찾아온 곳이 청와대 앞 아스팔트 농성장이다. 온갖 좌파들이 점령하고 있는 이곳에서 외로이 싸워야 할 김문수 지사에게 그래도 내가 도움이 되겠지 싶어서 왔다. 근데 이곳 막다른 골목에서 나는 놀라운 경험을 했다. 진짜 동지를 만났다.

수십 년 주사파와 싸워 온 나보다 더 정확하게 문재인 주사파의 위험성을 파악하고 있는 사람, 자기 목숨까지 바치며 문재인과 싸울 자세가 되어 있는, 나보다 열 배는 용기 있는 사람, 문재인 등극 후 지난 3년여의 나의 모진 투쟁을 일일이 기억하며 그 가치를 인정해 준 사람, 나를 막말이나 일삼는 괴물이 아니라 용감한 투사로 불러주는 사람.

전광훈 목사 한 분만이 아니다. 수십만, 수백 만의 애국 성도들이 누가 시키지도 않았는데 자발적으로 그렇게 나에게 다가왔다. 그들 중 천여 명은 매일 나와 함께 청와대 광야교회에서 토론하고 밥 먹고 노래 부른다.

세상 어떤 정치인이 이렇게 많은 진정한 동지를 가질 수 있었나? 신의 섭리가 뭔지 이제 조금 알 것 같다. 나를 이곳 막다른 골목까지 몰아 온 이유가 바로 이 때문이었던가! 이곳 광야교회의 애국 성도들이 나더러 앞으로 잘될 거라며 격려해 준다. 나는 이렇게 답한다.

"아니요, 저는 지금 이 순간 너무 많은 은혜를 입었습니다. 이것으로 충분하고 넘칩니다. 앞으로 그냥 필요한 곳 아무데나 써 주십시오. 주여!"

진심이다.

- 2019년 12월 첫째 날 효자동 아스팔트에서,

차명진

2019년 7월 15일 김문수TV 방송 중

주사파가 점령한 대한민국, 국민들은 어떻게 대처할 것인가?

_김문수칼럼

국가위기의 정체를 바로 알고 국민들은 어떻게 대비해야 하는가?

저는 학생운동, 노동운동을 하면서, 대학교에서 2번 제

적되고 25년 만에 졸업장을 받았습니다. 7년 동안 공장생활하면서 노동조합위원장을 2년 동안 했습니다. 감옥에 두 번가서 2년5개월 동안 살았습니다. 감옥에서 김일성주의자, 주사파학생들 수백 명과 만나서 토론도 많이 하고 함께 생활도 했습니다. 광주교도소에서 남파간첩, 공작원, 국내간첩, 재일교포간첩, 100여명과 함께 1년 동안 살았습니다. 저는 마르크스 레닌주의와 모택동주의에 심취하여 공부하고 공산혁명을 꿈꾸기도 했습니다. 저는 공산혁명을 꿈꾸는 선배들의 지도를 받으면서 비밀지하혁명 조직 생활도 10여년 했습니다. 저는 지금 집권하고 있는 문재인 대통령과 민주당 이해찬 대표, 이인영 원내대표, 심상정 정의당 대표 등 운동권 출신 대부분과 함께 활동하고 같은 시대를 꿈꾸고 투쟁해 왔습니다. 제가 50년 간 겪어왔던 경험에 비추어 볼 때, 대한민국은 이미 종북 주사파와 좌파 연합에 넘어갔다고 판단됩니다.

1. 지금은 주사파가 대한민국의 권력을 잡았습니다.

6.25 전쟁 휴전 이후 우리 국민 대부분은 반공 자유민주주의를 신봉해왔습니다. 해방 직후부터 공산치하에서 살

아봤던 이북 피난민의 체험과 해방 이후 빨갱이들의 폭동과 6.25 전쟁기의 만행이 너무 끔찍했기 때문입니다. 그러나 가족이나 친지 가운데 좌익 경험이 있었던 경우도 많습니다. 또한 통혁당, 인혁당, 남민전 등 김일성의 남조선혁명노선을 따르는 지하혁명당 활동이 끊임없이 계속 시도됐습니다. 실패를 반복하던 중 198년 광주사태를 겪으며, 학생운동과 민주화를 열망하던 시민들은 피의 학살과 전두환의 집권이 미국의 묵인 아래 자행됐다며, 미국문화원에 방화하는 사건이 터지기도 하며, 급속히 반비 친북운동이 확산되기 시작했습니다. 북한의 대남방송을 들으며 정리한 김영환의 "강철서신"이 대표적인 주사파 운동권 문건입니다. 신군부의 12.12쿠데타와 광주사태, 그리고 민주화의 좌절을 겪으며 종북 주사파는 대학가로 급속하게 확산됐습니다.

종북 주사파가 학생운동을 급속하게 장악하게 된 원인은?

첫째, 전두환의 12.12쿠데타와 광주학살로 민주화의 꿈이 갑자기 사라지게 되었기 때문입니다.

둘째, 김일성의 주체사상 혁명론은 체계적이고 쉽고, 대한민국의 현실에 잘 맞기 때문입니다. 마르크스 레닌주의 혁명론보다 한국적이며 쉽습니다. 북한이라는 조선공산혁명기지에서 권력을 가진 김일성에 의해 체계적으로 정리되고, 매일매일 대남방송으로 전파되기 때문에 대중성, 민족성, 적합성, 신속성은 기존 마르크스 레닌 공산혁명이론보다 우리나라 현실에 맞아서 급속히 확산됐습니다. 전대협, 한총련이 전국대학 학생회 조직과 학생운동을 신속하고 완벽하게 장악하였습니다. 이들은 표면 대중조직인 전대협, 한총련과 지하비밀 지도조직인 혁명정당을 나누어서 조직 운용합니다. 학생운동을 마친 운동권은 사회로 나와서, 사회대중운동으로 투신하지 않을 수 없습니다. 해마다 수십만의 학생운동권 출신들이 자연스럽고도 필연적으로 사회 각계각층으로 투신합니다. 공장으로 직장으로 들어갑니다. 이들이 민주노총입니다. 정계로 진출합니다. 민주당 정의당 민중당은 물론이고 바른미래당, 자유한국당에까지 미치지 않은 곳이 없습니다. 언론계로 들어간 기자들도 학생운동 경험으로 민주화를 계속한다며 언론노조를 결성하여 지금 KBS, MBC, SBS, 한겨레신문, 경향신문을 붉게 물들였습니다. 고시에 합격하면 민변, 우리법연구회,

국제인권법연구회를 결성하여, 대법원장과 헌법재판소와 법원, 검찰, 청와대, 서울시와 각급 지방자치단체까지 모두 장악했습니다. 운동권학생들이 교사가 되어 전교조를 결성하여, 어린 학생들을 붉게 물들이고 있습니다. 영화계로 진출하여 운동권 영화를 만들어 천만관객을 울립니다. 문화예술계를 석권하였습니다. 사업에도 투신하여 사업가로 성공하여 부르죠아가 되었지만, 그의 사상은 여전히 종북 주사파로 남아 있습니다. 입법, 사법, 행정, 교육, 문화, 방송, 예술, 경제계, 기업, 동네 구멍가게까지 완벽하게 붉은 혁명사상으로 물들었습니다.

주체사상은 강력한 힘이 있습니다.

첫째, 체계적입니다.

둘째, 성경보다 쉽습니다.

셋째, 살아있는 권력 김정은은 움직이는 사상이요 이론일 뿐 아니라, 조선인민민주주의인민공화국이라는 국가권력입니다.

넷째, 젊은 대학생시절, 조국을 위해, 민주화를 위해, 자주통일을 위해, 최루탄을 마시며 싸우다가 도망 다니고, 잡혀서 고문당하고, 감옥을 들락거리며, 청춘을 바치며, 헌신했던 자부심을 가지고 있습니다.

다섯째, 사회인이 되어서도 운동권의 동지적인 인간관계는 끊을 수 없습니다. 운동권 출신들이 서로 짝을 이뤄서 부부가 된 경우에는 혁명가정이 됩니다. 자녀까지 대를 이어 사상이 이어집니다. 무섭습니다. 그래서 저는 사상을 바꾸는 것은 담배 끊기보다 더 어렵다고 생각합니다. 이런 종북 주사파들이 수백만 배출되었고, 마침내 청와대부터 대한민국의 국가권력 뿐만 아니라 사회 각계각층을 완벽하게 장악했습니다.

제가 아는 한 세계 어떤 공산혁명 때보다 더 완벽하게 국가권력을 장악했습니다.

〈공산주의자들의 신조는 자유주의 배격입니다〉

공산주의자들은 철저하게 자유주의를 부르죠아 사상이라며 배격하고 있습니다.

공산주의의 적은 "자유주의", "자유민주주의"입니다. 모든 공산주의자들은 언제나 "민주주의"를 내세웁니다. "인민민주주의", "민중민주주의", "진보적민주주의", 그냥 "민주주의"입니다. 좌익들은 자기들만이 "진정한 민주주의"이고, 자유민주주의는 "부르죠아독재"를 예쁘게 포장한 "가짜 민주주의"라고 비난합니다. 좌익들은 어떤 경우에도 스스로를 "자유민주주의"라고 하지 않습니다. "자유민주주의", "자유주의"는 공산주의의 배격 대상일 뿐입니다. 대한민국의 자유민주주의 헌법을 지키는 것이 지금 우리 국민의 첫 번째 임무입니다.

제가 운동권에서 혁명을 꿈꿀 때, 회합 전에 암송하던 〈자유주의 배격 11훈〉을 소개하겠습니다. 모든 학생운동권이 다 하는 것이 아니라 엄선된 소수혁명가들이 하던 것입니다. 남로당과 빨치산 대원, 남한 혁명조직원들이 사상 강화의 방법으로 모택동의 〈자유주의 배격 11훈〉을 당 생활의 기준과 지침으로 삼았습니다.

〈자유주의 배격 11훈〉은 다음과 같습니다.

"우리는 사상투쟁을 적극적으로 주장한다". 그것은 당과 혁명단체의 단결을 가져오게 하며, 싸움의 무기를 더욱 날카롭게 하기 때문이다. 자유주의와의 사상투쟁을 거부하게 되면, 무원칙한 화평을 가져오게 되고, 그 결과 썩어빠진 작풍이 생겨서, 혁명단체의 어떤 개인은 정치적으로 부패하기 시작한다.

1. 극히 다정하고 친밀한 동창 혹은 고향의 친지, 친구 또한 오랫동안 같은 회사에서 일했다고 하여, 원칙상의 논쟁을 피하며, 화평의 수단으로 가벼이 되는대로 방임함은 곧 자유주의 표현의 첫 번째 유형이다.

2. 책임 없이 뒤에서 비판하고, 적극적으로 조직기관에 제의하지 않으며, 앞에서 말하지 않고, 뒤에서 비방하며, 회의 때는 말하지 않고, 회의 후에 떠들며, 집중생활의 원칙이 마음속에 없고, 자유로이 방관함은 곧 자유주의 표현의 두 번째 유형이다.

3. 일에 대하여 관심이 없고, 다만 벽에 걸린 사진을 대하듯이, 남을 책하지 않고 말하지 않음이 명석한 보신술이라면서, 엎드려 침묵함이 곧 자유주의 표현의 세 번째 유형이다.

4. 명령에 복종하지 않고, 조직규율을 돌보지 않으며, 간

부라는 구실로 자기이견만을 고집함은 곧 자유주의 표현의 네 번째 유형이다.

5. 단결과 진보를 위하거나 부정확한 의견을 고치려는 것보다, 개인공격을 주로 삼아, 분하게 생각하고 보복하려 함은 자유주의 표현의 여섯 번째 유형이다.

6. 부정확한 의견을 듣고도 항변하지 않고, 반혁명분자의 말을 듣고도 보고하지 않으며, 무사태평하게 지내는 것은 자유주의 표현의 여섯 번째 유형이다.

7. 군중에 대하여 선전하지 않고 선동하지 않으며, 연설하지 않고 조사하지 않으며, 묻지도 않고, 그 고통까지도 관심을 가지지 않으며, 무조건 지지하여, 당원임에도 불구하고 당원의 의무를 망각한 한사람의 백성처럼 되는 대로 지냄은 자유주 표현의 일곱 번째 유형이다.

8. 군중 이익을 해치는 행동을 보고도 격분하지 않고, 경고하지 않으며, 관심을 가지지도 않고, 해결하지도 않고 내버려두는 것은 자유주의 표현의 여덟 번째 유형이다.

9. 일에 충실하지 않고, 일정한 목적없이 하루를 되는 대로 지내며, 마치 스님들이 목탁 두드리듯이 하는 것은 자유주의 표현의 아홉 번째 유형이다.

10. 자존심만 높아서 혁명의 공이 가장 많은 것 같이 노선을 거스르며, 큰일은 할 능력이 없고, 작은 일은 하기 싫어하며, 학습에 노력하지 않고 태만함은 자유주의 표현의 열 번 째 유형이다.

11. 자기의 잘못을 알면서도 고치지 않고, 자기비판을 하되 비관실망에 그치고 마는 것은 자유주의 표현의 열한 번째 유형이다.

PD운동권 출신인 제가 볼 때, 〈우리나라 자유민주주의자들의 특성〉은 다음과 같습니다.

첫째, 소수를 제외하고는 자유민주주의나 공산주의 또는 김일성주의, 주체사상에 대해 체계적인 사상학습을 해 본 적이 없습니다.

둘째, 자유민주주의자들은 운동권이라고 할 정도로 조직화, 체계화되지도 않고, 태극기집회가 처음으로 실행된 자발적 애국대중운동이 아닌가 합니다.

셋째, 태극기집회는 사분오열되어 서로 단합되지 못하고 있습니다.

넷째, 고관대작이나 대기업가, 세계적 전문가도 많지만 지킬 것이 너무 많아서인지, 앞장서서 솔선수범하며 희생하는 사람이 드뭅니다.

다섯째, 최근 전대협, 새벽당, 트루스포럼 등 젊은 자유주의운동이 시작되고 있습니다. 아직은 미약하지만 희망의 새싹들입니다.

여섯째, 자유한국당이 자유파의 중심정당인데 너무 기득권화되어, 강한 목표의식과 전략전술이 취약하고, 투쟁성, 헌신성이 약합니다.

일곱 번째, 새누리당 국회의원 가운데 60여명은 자기가 만들고 당선시켰던 박근혜 대통령을 탄핵시키고, 감옥에 갇혀 재판을 받는데도, 방청, 면회, 석방운동 조차 한번도 하지 않는 기괴한 모습을 보이면서도 부끄러움을 모릅니다.

자유주의자, 자유파란 자유민주주의 대한민국헌법체제를 김일성주의 주사파로부터 지키려는 집단을 말합니다. 주사파는 김일성주의자들로서 자유주의자의 적입니다. 주사파는 대한민국을 부정하고, 조선민주주의인민공화국이 한반도에서 정통성이 있는 국가로 생각합니다. 주사파가 대한민국의 정통성을 부정하는 까닭은 이승만과 박정희의 정통성을 인정하지 않기 때문입니다.

첫째, 이승만은 미국의 앞잡이로서 친일파와 손을 잡고 민족의 자주성을 팔아 먹고, 자신의 사리사욕을 채우기 위해서 미국이 원하는 반쪽 나라 대한민국을 세웠다고 합니다.

둘째, 박정희는 만주군관학교와 일본육사를 졸업하고, 천황의 장교가 되어 만주에서 독립군을 토벌하다가 해방

후에는 남로당 군사총책으로서 비밀지하 혁명동지를 팔아 먹고, 목숨을 건졌다가, 다시 쿠데타를 통해 권력을 잡아서 반민중 반민족 반민주 친일 친미 사대주의 정권을 운영했 다는 것입니다.

반면, 자유파는

이승만 대통령은 대한민국 건국의 아버지이고, 박정희 대통령은 한강의 기적을 만든 영웅이라고 생각합니다. 자 유파는 이승만이 없었다면 대한민국 건국 자체가 어려웠 다고 생각합니다. 자유파는 박정희가 이끈 한강의 기적이 우리나라의 오늘을 만들었고, 중국, 베트남 등 세계 여러나 라에 "하면 된다"는 희망과 방법을 알려 주었다고 생각합 니다. 좌우대립의 역사란 바로 주사파와 자유파 사이의 체 제전쟁을 말합니다.

먼저 현재의 정세는 문재인+김정은 주사파 공동체가 사 상이념 권력의 고지를 점령했습니다. 자유대한민국은 주 사파의 수십년 전복전략에 의해 점령됐습니다. 자유파와 주사파는 적대적 관계로서 박근혜 대통령 탄핵 이후, 지금 은 사상이념 체제투쟁에서 주사파가 승리하여 집권하고 있습니다. 주사파는 군사력과 무력을 쓰지 않고 촛불집회와 박근혜 대통령 탄핵 구속으로 승기를 잡았습니다.

2016년 10월부터 전개된 반체제세력의 촛불집회와 체제수호세력인 태극기집회의 대결은 일단 반체제세력인 촛불집회가 승리했습니다. 그리고 2017년 5월 9일 대통령 선거에서 촛불대통령 문재인이 당선됨으로써 대통령중심제에서 대권을 장악했습니다. 비록 거짓과 사기 탄핵이라 하더라도 박근혜 대통령을 끌어내리는데 성공했습니다. 그리고 곧 박근혜 대통령과 이명박 대통령을 구속시킴으로써 자유파의 10년 체제를 완전히 허물어뜨리는데 성공했습니다. 종북주사파집단이 추대한 문재인 대통령이 집권한 이후, 촛불 혁명정부는 대한민국의 자유민주주의 세력을 적폐세력으로 몰아서 마구잡이 구속하고 있습니다. 문재인 정권은 자유민주주의 정권이 아니며, 그동안 사람중심의 민중민주주의 개헌을 하려다가 저지됐습니다. 문재인 정권은 종북 주사파 정권이며, 김정은과 연방제 통일을 하는 것이 1차 목표입니다. 문재인 대통령이 신영복을 사상가로 존경한다고 평창올림픽 리셉션에서 커밍마웃한 것은 이미 주사파들이 사상이념 권력의 고지를 점령했기 때문에 과감하게 세계만방에 선포한 것입니다. 이 자리에는 미국 펜스 부통령, 아베 일본 수상, 북한 김영남-김여정 등 여러나라 지도자들이 참석한 올림픽 개막 리셉션 자리였습니다.

2. 2020. 4. 15. 선거에 대한 저의 판단입니다.

첫째, 경제파탄으로 인한 민생투쟁이 더욱 격화될 것입니다.

사상이념, 권력의 고지를 점령한 문재인 주사파 세력은 권력을 유지 연장하기 위해서라면 수단방법을 가리지 않고, 피라도 흘릴 것입니다. 따라서 자유민주주의 세력이 순진하게, 선거법을 지키면서 막말하지 않고 착실하게 바닥을 누비며, 정책선거운동을 하면, 이길 수 있을 것이라는 생각은 비현실적입니다. 선거공학, 정책위주 선거전략으로는 드루킹 댓글조작 범죄를 저지르며 자유파를 적폐세력으로 몰고 전략전술을 능수능란하게 구사하는 문재인 주사파를 이길 수 없습니다.

둘째, 4.15선거는 사상이념투쟁장이며, 조직투쟁, 민생

투쟁의 장입니다.

따라서 통상의 선거운동으로는 이미 권력을 잡고 있는 주사파를 이길 수 없습니다. 자유한국당은 사상이념성, 조직성, 연대성, 투쟁성을 강화해야 합니다.

셋째, 4.15 선거와 다음 대선은 문재인+김정은 남북 주사파 연대 집권세력과 한미동맹 자유민주주의 세력간의 혈전이 불가피합니다. 자유한국당은 내년 4.15선거에 몰입되어, 국회의원선거중심 전략만으로는 4.15선거 승리도 기대할 수 없습니다.

3. 자유한국당이 당면한 과제는 다음과 같다고 생각합니다.

첫째, 주사파에 의해 감옥에 갇혀 있는 박근혜-이명박 대통령과 자유민주세력의 주역들을 구출하는 석방투쟁이 중요합니다. 그럼에도 불구하고 자유한국당은 "박근혜를 석방하라"고 외치면 "몇 표를 더 받을 수 있을까?", "지지율이 몇 % 영향을 받을까?" 이런 생각을 먼저 하고 있습니다. 정치공학입니다. 정치상술입니다. 이건 나라를 구하는 참정치가 아닙니다. 이건 기본적으로 인류를 지키는 인간이 해야할 짓이 아닙니다. 애국심과 동지애와 진실성이 빠진 정치는 이제 심판 받아야 합니다.

둘째, 자유한국당을 혁신하여 나라지키는 구국투쟁연대의 중심으로 세워야 합니다.

나라를 통째로 김정은에게 바치고 있는 문재인 대통령을 끌어내리지 않고서 어떻게 자유대한민국을 구할 수 있습니까? 내가 국회의원 되고 대통령 되면 나라를 구할 수 있다고요? 모두들 이런 자기중심적 생각만 하다가 결국 나라가 이렇게 기울어지지 않았습니까? 지금은 투쟁해야 이길 수 있습니다. 뭉쳐야 이길 수 있습니다. 전략전술이 있어야 이길 수 있습니다.

셋째, 4.15총선 총선 승리를 위해 과감한 물갈이와 인재영입 그리고 이길 수 있는 전략전술이 신속하게 집행돼야 합니다. 주사파들이 집권하고 있는 지금은 과거 어느 때의 야당이 싸우던 것보다 어려운 총선입니다. 지금의 정세가 얼마나 어려운지에 대해 우리는 냉정해야 합니다. 자기 앞만 보고 싸운다고 이길 수 없습니다. 우리나라를 둘러싸고 있는 국제 정세와 각 정치세력의 현황, 그리고 무엇보다 우리 자신의 역량에 대해 냉정하게 분석, 판단하고 싸워야 합니다. 모여야 합니다. 밤을 세워서라도 토론해야 합니다. 전략전술을 세워야 합니다. 힘을 합쳐야 합니다.

넷째, 자유한국당은 대표 직속으로 사상이념전쟁-주사파 척결투쟁-자유민주세력 대동단결투쟁-민생투쟁-한미동맹강화를 이끌 〈자유 대한민국 수호 비상국민회의〉를 구성하여 앞장서서 싸워야 합니다. 〈자유 대한민국 수호 비상국민회의〉는 국회를 기반으로 자유한국당, 우리공화당 국회의원 모임을 구성하고, 비상국민회의, 대수장(대한민국수호장성단), 태극기 세력, 자유한국당, 우리공화당, 기독자유당, 새벽당, 전대협, 새마을, 동창회, 향우회, 군인조직, 행정동우회, 외교관 조직 등 모든 애국 세력과 빅텐트를 치고, 주사파 집권세력에 맞서 싸워 이겨서 자유민주주의 대한민국을 지켜야 합니다.

4. 문재인 주사파정권의 4.15총선 4대 카드

문재인 주사파정권은 통상적인 자유민주주의 정권이 아

닙니다. 주사파의 특징은 대한민국 전복의 전략전술이 혁명교과서에 이미 정립되어, 주사파 운동가들이 달달 외워서 조직적으로 실행하고 있다는 점입니다. 지금은 특히 김정은만 집권하고 있을 뿐만 아니라 남한에서도 문재인이 집권하고 있어 남과 북이 "우리민족끼리" 내놓고 협력하고 있습니다. 문재인이 김정은 수석대변인이라고 외국에서 먼저 말하고 있습니다. 따라서 자유한국당과 자유파는 이렇게 불리한 정세에도 싸워 이기기 위해서는 특별한 집중과 단결, 연대를 해야 하지 않겠습니까?

문재인 주사파는

첫째, 핵미사일 폐기와 남북 평화통일 카드를 쓸 것입니다.

작년 6.13 지방선거에서 하루 전인 6.12 트럼프, 김정은 싱가포르 회담으로 자유한국당은 완전히 망했습니다. 트럼프-김정은 회담은 결과적으로 내용이 아무 것도 없었지만 자유한국당이 입은 피해는 거의 쓰나미 수준입니다. 내년 4.15총선 전에도 김정은이 트럼프를 만나서 핵미사일 폐기나 종전선언, 평화선언을 하거나 평양에 미국대표

부를 개설하고 트럼프가 평양을 방문하거나 김정은이 백악관과 유엔을 방문한다면 싱가포르회담 이상으로 엄청난 태풍으로 자유한국당이 피해를 입게 될 것입니다. 자유한국당은 대비를 해야 합니다. 자유한국당 혼자서는 어렵습니다. 자유파 애국단체와 손을 잡고 미국과도 다양한 협력을 해야 합니다.

둘째, 반일 카드를 내년 4.15까지 써 먹을 것입니다.

일본제품 불매운동에 참여하겠다는 국민이 67%나 된다고 합니다. 반일카드는 반일민족주의에 익숙한 우리 국민의 투표에서는 언제나 과반수를 차지하여 왔습니다. 우리 경제가 어려운 까닭이 문재인의 반기업 친민노총 정책 때문만이 아니라 나쁜 아베의 심술과 친일파 때문이라고 대통령, 민주당, 언론, 민노총, 시민단체 모두가 나서서 총력 홍보한다면 만만찮은 광풍이 될 것입니다. 우리는 반일카드에 대해서도 집중적으로 대비하지 않으면 안되겠습니다.

셋째, 박근혜 대통령을 적절한 시점에 석방하여 자유한국당을 완전히 두 조각으로 나누려 할 것입니다.

박근혜 대통령은 벌써 석방됐어야 하지만 내년 4.15총 선 직전에 석방함으로써 자유한국당과 특히 대구경북지 역을 중심으로 자유파 내부에 엄청난 혼란과 분열을 가져 올 것입니다. 우리는 주사파들의 분열공작에 대비해야 합 니다. 서로 만나지도 않으면서 오해하고 비난하지 말아야 합니다.

넷째, 연동형 비례대표제 선거법이 통과되어 지금까지 의 양당제가 다당제로 바뀔 경우에 대비해야 합니다.

연동형 비례대표제 선거법은 국회에서 민주당과 정의 당, 민주평화당, 바른미래당 4당이 단합하여 자유한국당 만 빼놓고 60%의 득표로 이미 패스트 트랙을 태워서 카운 트다운 중입니다. 이제 법안 통과에는 50% 찬성만 받으면 됩니다. 빠루까지 동원되고 자유한국당 국회의원만 59명 이나 고발되면서 육탄으로 막았는데도 60% 찬성으로 통 과시켰기 때문에 이제 본회의 통과에 필요한 50% 받는 건 그렇게 어렵지 않다는 겁니다. 연동형 비례대표제는 절대 적으로 정의당, 우리공화당 같은 소수정당이 유리합니다. 이번 연동형 비례대표제 선거법 개정안에는 권역별 석패 율제까지 포함되어 있어서 작은 정당이 여러 개로 난립될 수 밖에 없습니다.

주사파들은 촛불혁명으로 자유대한민국을 거의 무너뜨렸습니다.

마지막으로 내년 4.15총선에서 2/3의석을 확보하여 남은 민중민주주의 헌법개정을 통해 1948년 7월 17일 제정된 자유민주주의 대한민국 헌법을 확 뜯어 고치려고 합니다. 개헌에는 국회의원 2/3 찬성과 국민 1/2찬성이 필요합니다. 100년 집권하겠다는 말이 공연한 헛소리가 아닙니다. 자유주의 대한민국이 죽느냐? 사느냐? 이것이 문제입니다.

저자 차명진

좌충우돌 정치인. 부천 소사구에서 두 번 국회의원을 하고 연이어 두 번 떨어지다. 주류 언론에 속아서 박근혜 대통령 탄핵을 주장하다가 어느 날 고영태 녹음을 일주일 내내 밤새 듣고 탄핵 무효를 주장해 세상으로부터 미친놈, 극우 취급을 받는다. 우파 재야인사가 된 이후 방송인과 만평가로 반문재인 투쟁 겸 생계를 근근이 이어오다가 페이스북에서 세월호 유가족의 역린을 건드려 하루아침에 사회로부터 완전히 매장 당한다. 몰리고 몰려서 김문수 지사와의 의리를 지키기 위해 청와대 광야교회 투쟁 대열에 합류했다. 매일 성실히 투쟁하다 보니 어느덧 10월 혁명의 아이콘이 되었다. 애국 성도들의 뜨거운 지지를 받는 자신의 모습을 아직도 어색해한다. 천방지축 남편을 한없이 보듬어주는 아내를 무한 사랑한다.

10월 혁명: 우리는 광야에서 만났다

1판 1쇄 발행 2020년 2월 10일

지은이 김문수tv • 너알아tv • 차명진(대표집필)
발행인 함초롬
발행처 도서출판 열아홉

종이 월드페이퍼
인쇄 현문자현

주소 서울시 종로구 효자로 7-2 오리온빌딩 302호
전화 02-790-1930
팩스 02-790-1931

ISBN 979-11-966124-6-7 (03340)